微商造势108招

肖森舟
李　鲆
著

金城出版社
GOLD WALL PRESS

图书在版编目(CIP)数据

微商造势108招 / 肖森舟, 李鲜著. — 北京 :
金城出版社, 2018.7
ISBN 978-7-5155-1707-0

Ⅰ. ①微… Ⅱ. ①肖… ②李… Ⅲ. ①网络营销
Ⅳ. ①F713.365.2

中国版本图书馆CIP数据核字(2018)第140136号

微商造势108招

作　　者　肖森舟　李鲜
责任编辑　李轶武
开　　本　880毫米×1230毫米　1/32
印　　张　7.75
字　　数　175千字
版　　次　2018年8月第1版
印　　次　2018年8月第1次印刷
印　　刷　天津盛辉印刷有限公司
书　　号　ISBN 978-7-5155-1707-0
定　　价　59.80 元

出版发行　金城出版社 北京市朝阳区利泽东二路3号
　　　　　邮编　100102
发 行 部　(010)84254364
编 辑 部　(010)64391966
总 编 室　(010)64228516
网　　址　http://www.jccb.com.cn
电子邮箱　jinchengchuban@163.com
法律顾问　北京市安理律师事务所 18911105819

目录

策划手记

没有失败的微商，只有不会造势的微商

李鲆

2014 年，我和肖森舟合作出版《微信营销 108 招》，这本书成为许多微商的启蒙读物，也是微商领域最畅销的图书之一，直到现在还在持续销售。

由此，我们也开始对微商进行了长期的观察和研究。

我们发现，在整个商业领域，微商可谓是草根逆袭的最有效的途径。很多根本没有资源和人脉的人，选择了微商，身价就能迅速变成百万、千万，甚至上亿。

可以这么说，微商是最公平、最不“拼爹”的一个行业。只要你有能力、够努力，就一定能出头。

那么问题来了：

为什么同是做微商，有些人能迅速做大，有些人却根本做不起来?

微商领域好像也没有什么太大秘密，微商的运行模式其实都是一些很简单的东西，一看就能明白。

成功者和失败者的区别，到底在哪里呢?

肖森舟的答案是：造势。

没有失败的微商，只有不会造势的微商。

微商的核心除了做好产品，也需打造个人品牌。是否有更多的人知道你、信任你、追随你，是能否做好微商的关键因素。

那么怎样才能让更多的人知道你、信任你、追随你呢?

这就需要用到造势：

为自己打造一个值得信任的成功者形象，吸引更多的人追随你、加入你。追随你的人越多，你的影响力就越大，然后就能吸引更多的人。

就像滚雪球一样，越滚越大，势能也越来越大，成功就是一件很简单的事。

其实不只是微商，古往今来，在各个领域里能做出一番事业的人，大多是造势的高手：

诸葛亮要刘备三顾茅庐才肯出山，是在造势；

雷军做小米，搞“饥饿营销”是在造势；

马云西湖论剑，请来金庸参加，也是在造势。

无论是政治、商业还是其他领域，会造势的人就容易成功，不会造势的人就容易失败。

水之柔弱，可以冲走巨石，是因为它造足了势；

强弩之末，不能穿透鲁缟，是因为它已经没有了势。

很多时候，造势比做事更重要。

只会埋头做事，不会造势的，不可能做好微商。

我跟肖森舟决定再合作一本书，就是《微商造势 108 招》。

肖森舟是一位自我营销高手，也是一位造势高手，书里写到的大部分造势招数，都是他亲测有效的。

和他合作这本书，对我来说，也是一个学习进步的过程。

像《微信营销 108 招》一样，《微商造势 108 招》不讲艰涩高深的理论，只讲实实在在的方法。有些方法可能看上去很 Low，但是，都很有用。

有用的，才是最好的。

相信这本书，对每一位微商都有用。

特别是那些想成功的。

第 1 招

造势比做事重要

激水之疾，至于漂石者，势也。——《孙子兵法》

《左传》里有一个“一鼓作气”的故事：

公与之乘，战于长勺。公将鼓之。刿曰：“未可。”齐人三鼓。刿曰：“可矣。”齐师败绩……既克，公问其故。对曰：“夫战，勇气也。一鼓作气，再而衰，三而竭。彼竭我盈，故克之。”

这个故事很简单。

曹刿跟随鲁庄公与齐军作战，齐军擂第一次鼓，曹刿不回应、不出战；齐军擂第二次鼓，曹刿还是不回应、不出战；齐军擂第三次鼓，曹刿擂鼓出战，结果大获全胜。

原因是什么呢？

曹刿解释说：“作战，靠的是士气。第一次击鼓能够振作士兵们的士气，第二次击鼓士兵们的士气就开始低落了，第三次击鼓士兵们的士气就耗尽了。齐军三次击鼓，我们第一次击鼓，他们的士气已经消失，而我军的士气正旺盛，所以就战胜了他们。”

这就是一个很经典的造势的故事：原先兵力强大的齐国，因为不会造势，所以输了战争；原先弱小的鲁国，因为会造势，所以赢了战争。

这也说明了一个道理，造势在很多时候，比做事更重要。

哪怕你拥有很好的产品、很好的资源，以及遇上了很好的风口，但如果你不会造势，那么你一样会一事无成。

《孙子兵法》曰：“激水之疾，至于漂石者，势也。”

湍急的流水，能冲走巨石，这就是势的力量。

《汉书》又云：“强弩之末，不能入鲁缟；冲风之衰，不能起毛羽。”

即使是强弓射出的利箭，射到极远的地方，势已尽时，就连最薄的丝绸也不能射穿；即使是狂暴的烈风，刮到最后，剩下的一丝微力，连极轻的羽毛都吹不起来。

这就是正反两个例子，说明势的重要性。

想成大事者，不可不研究怎样造势。

第 2 招

造势是成功者的必备素质

诸葛亮为什么要刘备三顾茅庐才肯出山？

古往今来，但凡成功者无一不是会造势的高手。

诸葛亮要刘备三顾茅庐才肯出山。三顾就是造势，一次比一次具有更强的势。如果诸葛亮在刘备第一次去请他的时候就马上答应出山，那么他在刘关张集团中的身份地位就没有那么重要。只有端足了架子、造足了势才能提高自己的身份地位。

雷军也是造势的高手，他做小米手机，先做核心粉丝，然后利用核心粉丝扩大影响力。他又做饥饿营销，成功地把小米做得家喻户晓。

马云也是造势的高手。21 世纪初，搜狐、新浪、网易三大门户网站的知名度远远高于阿里巴巴。互联网新贵资金充裕，为了吸引眼球投了不少钱。马云想改变目前的情况，但又不想走别人走过的路。

于是他想到请著名作家金庸来支持他一手策划的互联网论坛——“西湖论剑”，来吸引人气。有了金庸加入，马云就有了更强的号召力。然后马云就邀请了互联网最具影响力的人，三大互联网门户网站的创始人张朝阳、王志东、丁磊。

这几人都是金庸的粉丝，一听说金庸要来就毫不犹豫地答应了马云的邀请。结果显而易见，西湖论剑顺利举行，并且人气越来越旺。

马云的这招借名人的名气造势，用得真是太妙了！

第 3 招

造势是草根逆袭的神兵利器

即使你出身寒微，没有什么资源和人脉，你也一样可以靠造势实现草根逆袭。

其实很多成功者开始也只是草根。

诸葛亮是个草根，在南阳那个地方盖了几间破草屋自己亲自种地。刘备三顾茅庐为诸葛亮造势，最终诸葛亮成了赫赫有名的军事专家，成就一生功名。

马云也是个草根。高考两次失利后，他当过秘书、搬运工人，给杂志社送书。第三次高考被录取后，他成了品学兼优的好学生。

毕业后的马云并没有去创业，而是在杭州电子科技大学当一名普通的英语老师。直到 1995 年 3 月，马云从大学辞职，拿出自己的六七千元，向妹妹、妹夫借了一万多，凑足了两万元创业。

在创业过程中，马云用自己高超的商业智慧，一次次地为阿里巴巴造势，才让阿里巴巴顺理成章地成了中国互联网行业的巨头。

肖森舟也是个草根。他原本是个退伍兵，在老家福建安溪县的一个小镇上的税务所做事，是一个没有任何背景的农村小子。他从小自卑、内向，成绩也不好。生活平平淡淡，就在小镇上熬日子，唯一的梦想就是盼着每月 10 号发工资。

后来他兼职做淘宝，开了一家以自己的名字命名的茶叶淘宝店。他的淘宝店销量越来越好，成为福建省第一家金冠店，入选中国十大网商，并受邀在北京人民大会堂做励志演讲，同时受到马云的三次接见。

肖森舟把这些个人励志经历放在网上、朋友圈上，造足了势，最终草根逆袭成功！

众多案例生动地说明，一个草根要逆袭，就必须要会造势。

造势是草根逆袭的利器。

如果你出身很差，是一个地道的草根，要想逆袭成功，除了努力做事之外，一定要懂造势，擅于造势！

第 4 招

不会造势，别来做微商

> 让更多人知道你，产生信任和忠诚，这是迅速做大、做强的保证。

做微商，依然是草根逆袭的最佳途径。

做微商的很多都是草根、宝妈，没有什么资源和人脉。

为什么大家起步时都差不多，有人可以迅速做大，有些人却一直在苦苦挣扎?

区别就在于你会不会造势。

微商的核心不是产品，而是人。要学会造势，让更多人知道你，产生信任，成为忠实的追随者。

有位宝妈，开始做微商时也没有什么人脉资源，她只是坚持不懈地在朋友圈晒自己的收货、发货图，晒自己的收入图。坚持不懈地去吸引客户，建立信任。现在这位宝妈的年销量达到 6000 万。

肖森舟也是个草根，出身农家，曾是一个小公务员。但他不甘平庸，坚持不懈地做演讲培训，通过各种方法造势，最终把自己打造成了微信自我营销第一人、微商内训第一人。

微商造势，就是让更多的人知道你、信任你、追随你，这是迅速做大、做强的保证。

如果你不会造势或者不屑于造势，那就不要来做微商了，这个领域不适合你。

第 5 招

借势是造势的捷径

好风凭借力，送我上青云。

有一个寓言故事，说的是麻雀和老鹰比赛，看谁飞得更高。老鹰扑着翅膀拼命往上飞，麻雀趁老鹰不注意，站在老鹰的头上。

当老鹰飞到最高处，飞到自己不能再飞得更高的地方时，麻雀就扇了扇翅膀，飞了起来。结果就是麻雀战胜老鹰，飞得更高。

这就是一个典型的借势故事。会借势，就会得到更多的力量、更多的机会，最终战胜对手。

借势有很多种方法，比如借势名人，借势热点。

在大海里有一种吸盘鱼，也是借势的高手。它们的脑袋上长了一个吸盘，可以吸在鲨鱼的身上，跟着它游遍海洋，得到很多的食物，同时也避开天敌的伤害。

这也是在借势。

我们要想做成功一件事，就必须靠不断的坚持和努力，但同时也要学会借势、造势。

人力有时而穷，借势造势是最聪明的选择。

肖森舟是一个特别擅长借势的人。他主动出击，让马云三次接见自己、亲笔签名赠书、赠送二号战袍。通过这些事件，把自己和马云捆绑在一起，借势营销，成为传播学上一个经典的案例。

第 6 招

万物皆势，皆可为我所用

借势的本质是整合和拓展资源，让更多的、更强大的力量为我所用，从而让自己变得更强大。

世界上所有的东西都可能对我们有帮助，我们要善于挖掘，借助它们造势。

1. 借势出版

《微信营销 108 招》可以说是微商的启蒙读物，2014 年出版，至今仍在畅销。这就是微商出书最成功的例子，也是一次给肖森舟塑造品牌的重要实践。

这次借势之所以能成功，是因为我们两人强强联合，势的威力巨大无比。

我们一人擅长写书出书，一人在微商领域有丰富经验。

找更专业的人士合作，可以弥补你的弱项和不足。

2. 借势媒体

《微信营销108招》出版后，先后在多个城市举办了很多次新书发布会，全国媒体报道多达300篇次。这些都极大地提高了肖森舟的知名度，也是借力媒体最成功的一次营销。

自己传播自己，自己营销自己，力量是有限的。但是媒体拥有丰富的读者资源和强大的影响力。利用媒体来借势，会让你的知名度更大，让更多的人知道你。

3. 借势合作伙伴

作为微商内训第一人，肖森舟每年都要给上百家品牌方做培训。在培训的过程中，参与培训的学员会拍照晒朋友圈。这也扩大了肖森舟造势的传播范围。

借势的本质是整合和拓展资源，让更多的、更强大的力量为我所用，从而让自己变得更强大。

如果你善于发现，善于行动，你就会看到，万物皆势，都能为我所用。

第 7 招

顺势而为，更容易造势成功

> 世界潮流，浩浩荡荡，顺之则昌，逆之则亡。——孙中山

触电会创始人龚文祥写过一条微博，大意是他原先是做电商自媒体和社群的，后来社群里做微商的越来越多。当外界给他起了“微商教父”的名号后，他没有再继续做社群，而是顺势而为，选择了微商领域，最终成就了微商第一高端自媒体。

我们在造势的时候，既要努力和坚持，又需要看清形势，看清潮流，顺势而为。

孙中山先生说过：“世界潮流，浩浩荡荡，顺之则昌，逆之则亡。”说的就是要顺势而为的道理。

顺应潮流，做事就容易取得成功；
跟潮流作对，就会被潮流淹没，很容易失败。

雷军说："创业，就是要找到风口。赶到风口上，猪也会飞。"

雷军讲的也是顺势而为的道理。你只有找到风口，顺势而为，才能造势成功。

第 8 招

好的创意，价值千金

商鞅“徙木立信”，是中国历史上最成功的造势。

商鞅变法时，法律条令已准备就绪，还没公布。

他担心百姓不相信自己，就在国都集市的南门竖起一根三丈高的木头，贴出告示：能把这根木头搬到北门的人，就赏十金。

百姓对此感到奇怪，不敢去搬。

商鞅又贴出告示：能搬木头的人赏五十金。

重赏之下有勇夫，有一个人去搬了木头，商鞅就给了他五十金。

这就是“徙木立信”的故事。

让百姓对自己产生信任，然后颁布法令的时候，大家就会相信这个法律，愿意去遵守。

这个故事给我们两个启发：

1. 未造好势，不要轻易行动；

2. 好的创意，价值千金。

“徙木立信”就是非常优秀的一个创意。

做微商造势，也需要好的创意。

比如给代理送宝马，就是一个非常有创意、非常优秀的传播事件。

比如带微商去迪拜旅游，这也是一个非常优秀的创意。别人的代理在国内旅游，你跑到迪拜去，住五星级酒店，拍照摄影，就会在微商圈子里引发震动，这就是非常优秀的造势。

定制珠宝也可以成为非常优秀的创意。普通微商团队只是在统一定制服装，但你的团队统一定制珠宝，就与众不同，更容易造势成功。

第 9 招

放大你的格局

志当存高远。更远大的目标、更高的愿景，会让你更容易造势成功。

三个泥瓦匠在垒一面墙，有人问他们在做什么。

第一个回答：垒砖；

第二个回答：砌墙；

第三个回答：建一座宏伟而美丽的大厦。

这就是格局和境界的不同。

只盯着砖的人，一辈子可能只是个泥瓦匠；

看到墙的人，有可能成为一名包工头；

看到大厦的人，有可能成为一名设计师。

格局越大，就越容易成功。

就造势而言，更远大的目标、更高的愿景，会让你更容易造势成功。

现在有两个微商：

一个人的目标就是慢慢卖产品，赚点儿小钱；

另外一个人的目标是要做大、做强、做上市，要帮助至少一千个人实现年入百万的梦想。

你觉得哪个更容易造势成功？

目标和愿景，是高明的造势。

志当存高远。更远大的目标、更高的愿景，会让你更容易造势成功。放大你的格局，放大你的目标，放大你的愿景。

让更多的人知道你，同时去帮助更多的人，这样你就更容易造势，更容易成功。

第 10 招

努力帮助更多的人

> 对人越有用，能帮到越多人，造势就越容易成功。

你的愿景，应该是帮到更多的人，而不是自己赚更多的钱。

我们来看下面两个口号：

——2018 年，我要招 1000 个总代；

——2018 年，我要帮 1000 个人实现年入百万的梦想。

哪个口号更能打动你？

毫无疑问是后一个。

造势应该是一个利他的行为。

造势对人越有用，能帮到越多人，造势就越容易成功。

你在造势时一定要考虑到更多人的利益，给追随你的人更高的愿景、更多的回报。

李鲆写过这样一段话：

养成顺手帮人的习惯，帮完就把它忘掉，不去想回报。最终，就像你播洒下许多种子，总有一些会生根、发芽、开花、结果。你帮的人越多，你就越容易成功。

努力帮助更多的人，造势就会更容易。

第 11 招

会晒才会赢

酒香也怕巷子深。低调的人，做不了微商。

有位做电商的朋友，觉得做微商可以赚更多的钱，就想转型做微商。

但是她在朋友圈从来不提自己在做微商，也不发展客户成为她的代理，她只想做微商赚大钱，却不愿意让人知道她在做微商。

她做了一款微商产品，虽然客户反馈还好，但因为她一直很低调，知道的人其实并不多。

她并不是个案。

有很多人就是这样，又想靠做微商赚大钱，又怕别人知道自己做微商。

根本不愿意晒任何与微商有关的内容，怎么可能做得好呢？

微商的一个关键词就是“晒”。

一定要晒自己的生活状态、晒自己的产品、晒自己赚了多少钱、晒客户反馈、晒代理机制、晒新加代理。只有各种晒，才会让更多人知道你，追随你。

这就是我们所说的“会晒才会赢”。

低调的人，做不了微商。

我们在《微信营销 108 招》里说过：“不出现，等于不存在。”

你很低调，没有人知道你，那怎么可能有人追随你呢？

这是一个产品过剩的时代，是好酒也怕巷子深的时代。

一个低调的人不可能做好微商。

只有会晒才会赢。

第 12 招

造势之前要先定位

定位是精准细分，也是在做精准的用户画像。

定位是造势的基础。

在造势之前要有明确的定位。

对于个人的造势，基本就是搞清楚我是谁？我是做什么的？我要成为一个什么样的人？我有什么样的东西要与人分享？先给自己一个清晰的定位。

如果是给产品造势，那就要非常明确这个产品是什么样的产品？目标人群是谁？能给目标人群带来什么样的好处？

如果是对一个模式的造势，那么就要理清楚这个模式的利益分配方式。怎么样让别人赚到更多的钱？谁可以参与？

只有拥有了清晰的定位，造势才能够取得好的结果。有些人没有定位，或者同时做很多件事情，同时做几款产品，那么你就很难专注某一点。

要把定位做得丰满一些，持续地去推广才能做好造势。同时也要避免一心二用，有很多个定位，这些都是对造势很不利的。

我们建议你做一个垂直细分领域。如果你在某个领域是一名专家，是一个内行，是对别人有用的人，让所有人想到这个领域时就会想到你，那么这个造势的定位就算成功了。

定位是精准细分，也是在做精准的用户画像。只有定位精准了，你才能向你的精准用户做推广，做造势。

李鲆涉足过多个领域，最终做了“微商出书第一人”这个定位，不断强调这个定位，最终成为微商出书第一人。

第 13 招

造势就是共振和叠加

重复去做一件事情，带动更多的人一起来重复做一件事情。

19世纪初，一队士兵经过法国昂热市的一座大桥，当走到桥中间时，桥梁突然发生强烈的颤动，然后断裂坍塌，许多官兵和市民落入水中丧生。

后来调查，发现桥坍塌是因为大队士兵齐步走时，产生了一种频率。这个频率正好和大桥固有的频率一致，产生了共振。共振让桥的振幅达到了最大限度，超过了桥梁的抗压能力，桥就断裂了。

这个故事可以帮我们很好地理解什么是造势。

造势就是共振和叠加。

当你对自己有了一个清晰的定位，明确自己该做什么的时候，重复去做一件事情，带动更多的人一起来重复做这件事情，这就是共振和叠加，就是造势。

陈柱子在做“竖屏思维”时，先有了“竖屏思维”这个概念，然后不断完善它。他不断地讲课，每周讲一次课，讲了快一年。这样不断地重复，通过共振和叠加，最终造就了自己“竖屏思维”的地位。

肖森舟也一直不断地去做微商内训。一共飞行了58万千米，做了很多微商内训，坚持不懈地做了几年，才成就了著名微商内训导师的地位。

第 14 招

在固定的时间做固定的事

> 当你固定时间做一件事，坚持很多年，形成了一种生活习惯，成功是必然的。

一个人做事，最好在固定时间做一件事，坚持做下去，就是共振和叠加，就是在不断为自己造势。要坚持做一件事，其实是需要意志力的，而人的本性是懒散的。

我们会发现，从前自己在学校读书的时候，很容易就学习到新知识。但是进入社会后，你想去学习某一个技能的时候，很容易半途而废，不能长远坚持。

这是因为跟我们读书相比，我们现在面对的世界更大，要做的事情更多，碎片化的时间也就更多了。所以很难在固定的时间做固定的事，从而养成一个规律的生活习惯。

做微商也是如此。

第 15 招

高频率打败低频率

曝光效应是指我们会偏好自己熟悉的事物，意思是只要经常出现就能增加人们的喜欢程度。

还记得我们以前看过一个恒源祥的广告，整个广告就是“恒源祥，羊羊羊”重复十几遍，当时看到这个广告觉得很烦。

有趣的是，当大家去买羊毛衫的时候，他们脑海中竟自动浮现“恒源祥”三个字，于是就自然而然地去买恒源祥的羊毛衫。

恒源祥靠着“恒源祥，羊羊羊”这个高频率的广告让自己轻松地在人们的脑海里扎根了。

从恒源祥广告的例子总结出来一点就是：高频率打败低频率。

这是心理现象中的曝光效应。曝光效应是指我们会偏好自己熟悉的事物，社会心理学又把这种效应叫作熟悉定律，就是说只要经常出现就能增加人们的喜欢程度。

我们做微商的，实际上相当于在朋友圈开了一家店。如果你是佛系微商，三天打鱼两天晒网，不是天天去开店，那谁会记得你这个人？更加不用说记得你的产品了。

微商造势，起码你得天天更新你的朋友圈吧。

晒单也好，聊天记录也好，生活感想也好，产品介绍也好……总之，得让你的朋友圈活跃起来，让你的产品曝光度更高一些，让别人知道你确实在卖东西，想买你产品的时候才会来咨询你。

造势就是大力提升我们的曝光度。

如果你很低频率地宣传自己，一年才做一次广告，那肯定没有高频率宣传的人做得好。

第 16 招

多数人打败少数人

造势从字面上理解就是制造声势。人多势众，人越多，越容易造势成功。

在“造势就是共振和叠加”那一节里，我们提到桥的坍塌，是很多人一起正步走导致的。如果只是一个人，他正步走，绝不可能让桥坍塌。

所以造势就是吸引更多的人跟你一起做事。

追随你的人越多，你就越容易把势造大，多数人可以打败少数人。

你可以组建一个团队，像唐僧到西天取经一样，找到孙悟空、沙僧、猪八戒、白龙马组队，一起去西天取经。

你也可以加入别人的队伍，跟别人一起来造势。

造势最忌讳的就是单打独斗，一个人做不了什么大事。

如果你没有信心打败别人，那就加入别人的团队。

造势从字面上理解就是制造声势。

人多势众，人越多，越容易造势成功。

微商在推出一个产品的时候，一定不要自己单打独斗地去推，最好能找一批人一起合作。可以找一些跟你的知名度差不多的人一起合作，也可以是一个团队。

单枪匹马很难把事情做大。

你也可以通过加入某些高质量的社群，或者付费给某些大咖，让他们来帮你做推广。他们的影响力更大，可以带动更多的人，把势造起来。

你可以想一下：

有两个人在做微商，一个人的朋友圈只有 2000 个人；
而另外一个人有 10 万团队，每个团队都有几千人。

同样推出一款产品，谁能做得更好？

第17招

先造势，后成交

> 把成交的过程往后推移，先造势，造完势之后再去成交，就非常容易了。

市面上有很多关于成交的书籍和教程，大部分都把精力集中在成交这个环节。

其实这种做法是不对的。

在造好势、建立信任感之前，成交是件很艰难的事情。

但如果我们把交易的过程往后推移，先造势，造完势之后再去交易，就非常容易了。

前面提到的商鞅，把法令制定好之后，并没有急着颁布，而是搞了个“徙木立信”，就是这个逻辑。

李鲆准备给效率专家剑飞出一本书，同时开发一个系列的课程、培训项目。但是剑飞虽然在效率专业领域足够专业，但在大众中的影响度并不大。所以如果直接做书，而没有前期的推广和造势，这本书就很难有影响力。

所以李鲆在给剑飞出书的过程中，也在不断地给他造势。

做法很简单，就是在朋友圈陆续发了一些软文：

今天花了 4980 元请了一位效率大师来帮我做快速写作的培训，学完之后收获满满，写作效率整整提高了 3 倍。这就等于把生命延长了 3 倍，可以多做多少事情啊！这 4980 元花得值！

发完这条朋友圈之后马上有两个人私信联系李鲆，想认识这个效率大师去给他们做极速写作和效率的培训。

随后李鲆又将这个情况发了朋友圈。

朋友圈内容同步到微博上后，转发过百，阅读量过十万。

通过这样看似不经意的铺垫，不断地重复、造势，让效率大师被越来越多的人知道。

随后又举办了一些相关的线上线下培训。这样到出书的时候，已经给效率大师造足了势，书就会有很好的销量。

又借助此书，做相关的营销推广活动，跟媒体配合，让媒体来报道，再进一步造势，最终给剑飞打造出“效率大师”这样强有力的 IP，由此带来了许多商业合作。

第 18 招

经常晒客户见证，是很好的造势

自己说好不算好，别人说好才是真的好。

如果你经常说自己的产品多好多好，那叫“王婆卖瓜，自卖自夸”。

但如果别人都在说你的产品好，就等于有很多第三方替你背书。

客户见证越多越具体，客户就会越相信。

所有的人都会有从众心理：很多人都在做这件事情了，都已经从这件事情中得到好处了，那么我也应该跟随他们。

所以我们要养成一个随时随地搜集客户见证的习惯，并且随时晒出来。每天都晒，晒得越多，效果越好。

在提供客户见证的时候，尽量使用原始的证据。

例如，聊天截图、录音、视频等，这样不仅可以节约你的大量时间，也可以提高信息的可信度。

新客户在看到这些客户见证时，脑海里会自动模拟成交。

“既然别人成功了，那么我为什么不能呢？”

一旦客户有了这样的想法，就离成交不远了。

第 19 招

制造稀缺也是造势

物以稀为贵。给大家一种“不马上买就没有了”的感觉，这就是在制造稀缺。

20 世纪 70 年代，经济学家许小年曾经在乡下插队。

有一天，供销社的社长来找他，说供销社里囤积了一批白糖，夏天马上到了，白糖会受潮，想请教一个快速销售白糖的办法。

许小年让社长出一个通知，说供销社新到一批白糖，每人限购一千克。

通知一出，供销社门前排了长长的队，那些本来不准备买白糖的人，也站到了队伍里。甚至有人走后门托关系找供销社长批条子，要多买一些白糖。

库存白糖很快销售一空。

许小年通过制造稀缺，把原先卖不出去的白糖变成了一个爆品。

微商往往会拼命地推销产品，但有时候制造稀缺也是一种造势。

给大家一种“不马上买就没有了”的感觉，这就是在制造稀缺。

小米做饥饿营销就深谙其道。

饥饿营销简单地来说就是“吊高卖”，最大程度激发顾客的购物欲望，从而把产品售价保持在较高水平，提高产品的利润和品牌价值。

小米的饥饿营销步骤是这样的：

1. 以低价引发关注。比如小米 5 卖 1999 元，价这么低，大家肯定要抢。
2. 前期宣传，开发布会告诉你这款手机产品的优势。
3. 提前预约 。

以上 3 个步骤顺利地完成了造势。

等大家都对产品有兴趣、想购买时，就进一步造势。

先是宣布供货不足，然后舆论出来，抢到货的朋友开始在网上晒图了。

如果一开始就足量发货，让每个人都很轻易地买到小米的话，那么小米就没有了新鲜感，也不会有那么多人主动参与进来。

微商可以用各种方法制造稀缺。

比如限量抢购某个产品。这都是在制造稀缺。

第 20 招

善用超级符号来造势

与其自己去解释，不如让别人一看就懂。

什么是超级符号？

超级符号具有一定意义，让别人一看就知道是什么东西。

超级符号，因为广为人知，能迅速植入用户的心智。用超级符号来做营销就是借力造势，借势造势。

比如红绿灯这个符号，大家无论到哪里，只要看到这个符号，就知道自己下一步应该做什么。

壳牌石油，运用的就是贝壳这个超级符号。大家只要一看到贝壳，自然就会联想到壳牌石油。

名人就是超级符号，某一个成语、某一个熟能成诵的句子也是超级符号。

“车到山前必有路，有路必有丰田车”这个广告语中，“车到山前必有路”就是一个熟读成诵的句子，这就是超级符号。

“被马云接见三次的肖森舟”，这句话里“马云”就是超级符号，以后别人说起马云，也会联想到肖森舟。

《微信营销 108 招》，“108 招”也是一个超级符号。大家很容易记住 108，所以，《微商造势 108 招》这本书，我们再次使用了这个超级符号。

微商造势中，我们的昵称、个人简介、产品名称、活动名称等都可以善用超级符号。

李鲆给一些微商朋友起过一些不错的名字，比如“美妆孙大圣”“珍珠西施”，用的就是超级符号的原理。

第 21 招

为自己代言

> 微商以人为本，微商造势，一定要为自己造势，要成就自己，打造自己的个人 IP。

微商和传统商业的区别在哪里?

并不是说在微信上卖东西就是微商，现在有些做得很成功的微商，已经可以完全脱离微信渠道了。

微商与传统商业最大的不同是，传统商业以产品为核心，微商在产品之外，非常注重人与人之间的信任。

现在社会上有一些人很讨厌微商，认为微商都是在骗人，都很低端。

这是因为大部分微商是草根出身，没有自己的个人 IP。

假如今天在微信上打广告的是一些大咖、明星，你会屏蔽他们吗?

所以微商造势，一定要为自己造势，要成就自己，打造自己的个人 IP。

做微商，你自己就是你的品牌。你要为你的品牌传播做充分的铺垫，这个铺垫就是造势。

造势之后，你的个人 IP 才能一步步地被打造出来。

你宣传产品前如果没有造势、没有铺垫的话，就不会有人真正信任你。

阿里巴巴的马云、小米的雷军、格力的董明珠……这些大佬的 IP 为什么如此深入人心? 就是因为他们长期以来在造势上的不断积累。

打造出个人 IP 后，无论做什么都会很顺利。

别人愿意去相信你，你卖的产品才能畅销，才能吸引到合伙人，从而建立起顶级人脉圈。

第 22 招

给代理荣耀感

> 让你的代理崇拜你，以你为荣，他们就会愿意参与造势，愿意到处说你有多么厉害。

为自己造势，打造个人 IP，其实也是在帮你的代理们造势。

我们前面说过，造势就是高频率打败低频率，多数人打败少数人。

你需要带着你的代理们一起造势，才能造势成功。

但如果你没有和名人合过影，没有开过发布会，也没有拿过任何奖，你没有任何故事，怎么能带动代理们一起造势？

《战狼 2》上映后，微博上的一个热门话题就是电影护照上写着的一句话“永远不要忘了你有个强大的祖国在背后支撑着你”。虽然有人说在护照上写字是违法的，但是话题一出，所有人都知道

《战狼 2》这部电影了。有了热度后，本来不想看电影的人通通都去看了，因为大家都不想错过这个谈资。

这是一个极其成功的造势！

明星也一样。对于明星来说，绯闻就是谈资，明星没有绯闻，制造不了热度就很难红起来。

所以你要给你的代理们一些关于你的谈资，比如你是一个畅销书作者，比如你曾经做过哪些很厉害的事，让你的代理崇拜你，以你为荣，他们就会愿意参与造势，愿意到处说你有多么厉害。

当大家茶余饭后都在谈论你的时候，你就离成功不远了。

第 23 招

吸引更高端人士参与

高端人士是高净值人群，可以整体提升微商的层次。

最早做微商的，以宝妈居多，也有些大学生，都是一些影响力相对较低的人群。

但微商发展的方向，会越来越高端。现在已经有很多明星、职场高管、传统企业家参与了微商。他们是高净值人群，可以整体提升微商的层次。我们如果能吸引他们加入我们的队伍，会为我们创造更多的价值。

所以微商造势的目的，是让自己更加高大上，更加主流，从而吸引更多更高端的人士参与进来。

微商逐渐得到了很多人的认可，但还不是主流。因此微商迫切想要正名，让人认同。

和奥巴马拍张照片，得花 20 多万。

但为什么还有这么多微商愿意花那么多钱去和奥巴马合影？因为拍完照后他们可以说："我跟奥巴马合影，我走出国门，我为微商正名。"

如果你不能为微商正名，不能解决微商的信任背书，说再多都没有用。别人不信任你，就不会买你的产品，更不会做你的代理。

但造势就能为微商正名，从而解决微商的信任背书。

第24招

让更多的人信任你

先有信任，后有成交。

造势的最终目的，就是要让别人信任我们。

为什么很多人喜欢去淘宝买东西？因为淘宝有支付宝担保。

微商呢？别人微信直接转钱给你，然后他能得到什么？

也许什么都得不到。

那些和你社交关系弱的人、陌生人，对你的信任度是很低的。

在没有淘宝、支付宝担保的情况下，如何说服客户先打钱？

答案就是你必须有第三方给你做信任背书。如果没有第三方给你做信任背书，凭什么让人先给你打钱？

有人批评微商花钱与奥巴马合影对信任背书作用很少，认为微商就像跳梁小丑。

其实不是的，对普通人来说，这种合影的作用举足轻重！

为什么？因为你现在是个平凡人，没人相信你。那如果你不拿张照片出来造个势，别人怎么会觉得你是牛人呢？

微商开年会请明星来，不是为了听明星唱歌、看明星表演，而是为了拍拍视频、拍拍照片，告诉大家我有能力请明星为我代言、为我见证，我就是个大咖。你可以相信我！

这跟传统品牌喜欢在央视打广告的逻辑是一样的。

在电视打广告、老板喜欢秀几百万的豪车，这些其实都是在做信任背书。

请明星代言花几千万就是为了告诉别人：你用了我的产品，就算用坏了，全款找我赔，我也赔得起。

这同时也是在降低别人的信任成本。

因此，微商一定要增加自己的信任背书。

而跟明星合影就是造势过程里一个很重要的环节。

如果你是一个比较底层的代理，你要找一个比你高一级或更多级别的人来合影，比如你的老大、你的品牌创始人。

你跟你的老大、品牌创始人合过影了，你的老大、品牌创始人又和这么多位明星合过影，是不是证明你加入的团队是对的？

微商造势说白了就是展示你很有实力。所以明星给你做信任背书，你的老大也给你做信任背书。

这也是微商都喜欢秀名牌包包，晒自己豪车、豪宅的原因。

第25招

羊群效应

"羊群效应"也就是"从众效应"。微商造势，更要善用从众心理。

中国人特别喜欢看热闹，所以造势对他们很有用。

举一个简单的例子：

你面前有两家饮品店，A 家没人光顾，B 家排了长长的队伍。

你会选择哪一家？

一般人都会选择 B 家，哪怕需要排十几分钟、半个小时甚至一个小时的队。

从众心理导致人们认为，B 家饮品店之所以有这么多人去排队，各方面一定比 A 家好很多。无论是品牌、出品，还是服务，一定都会比 A 家好。

但是大家不知道的是，这两家饮品店的配方其实是一样的。但 B 家的装修更精致，服务更周到，甚至花钱请了一些人从早到晚排队。B 家的造势点显而易见：装修、服务以及请来的托。

“羊群效应”也就是“从众效应”。大家聚在一起就是羊群，而羊群极易被引导。它们会跟随前面的羊，即便前方等待它们的是面目狰狞的狼。

从前的小孩子放学后就去玩，不会去补习班。

现在经济条件好了，家长们对孩子的教育很上心。再加上补习班的大力宣传，于是家长们闲聊时都会聊哪家补习班效果更好。

有些家长原本不想让孩子上补习班，觉得不仅增加了孩子的学习负担，而且浪费了大量金钱。但他们闲聊时聊多了、听多了，就会产生一种“我的孩子不去补习班就会落后”的想法，然后也去给孩子报补习班。

微商造势，更要善用从众心理。

第 26 招

利用微博、微信宣传自己

让所有人知道你人脉丰厚，有贵人相助，事业自然顺风顺水。

一些大佬的办公室有一面荣誉墙，上面挂满了各种奖状以及和各种名人的合照。

为什么要这么做呢？就是要让别人知道他很厉害，结交众多名人，人脉丰厚。那么，别人自然愿意相信他，和他合作了。

现在，我们都会用微信、微博等非常流行的社交软件，但我们该怎么利用它们造势呢？

有一个人相信大家一定不陌生，那就是虹桥一姐——龚玉雯。

龚玉雯 1998 年出生，辍学后竟然靠追星红了。她不辞辛苦在虹桥机场蹲点，得到了千万人梦寐以求的东西——明星的签名及合影。

在微博的明星机场照里，细心的人们突然发现，这些照片里都有一个人，那就是龚玉雯。

于是，龚玉雯火了，上了微博热搜。后来甚至发生了一个颇为奇怪的现象：有不少明星在机场会主动跟虹桥一姐拍照，以此来证明自己尚有名气。

利用微信朋友圈、微博等自媒体渠道来宣传自己，让所有人都知道你很厉害，那么你的运气能不好吗？

肖森舟经常把和马云的合影放在朋友圈、微博上，别人一看，下意识就会认为肖森舟很厉害，认为肖森舟有贵人相助。他都有马云这个明星级贵人了，和他合作肯定万无一失。

造完势后，就把势借到自己身上来，以后做任何事都会易如反掌。

第 27 招

给自己打造光环

造势就是打造光环，把自己打造成主角。

人生需要有光环。

有了光环，你才会更自信，才能吸引别人。

一个自信的人能促进自己事业的成功。

造势就是打造光环，把自己打造成主角。

比如，肖森舟是被马云三次接见的《微信营销 108 招》的畅销书作家，他的学生成千上万，这就是他的光环。

他的光环是怎么来的？是通过他一次次的造势来的。

被马云接见、《微信营销 108 招》畅销书作家、桃李满天下，这些都是他造的势，并且有图有真相。

而你的光环在哪里？

没有光环就要懂得给自己打造光环，去造势。

本书所讲的造势方法你都要去试一试，努力把自己的光环打造出来。

除了自己给自己打造光环外，还要懂得借助他人的光环。没有势就去借势，把势借到你身上来，把势能加到你身上来。

借力不费力，懂得借势的人往往更聪明。

明明这个势与你无关，去蹭一蹭后也与你有关系了。

不需要费很多力气，就能把势打造出来，把自己的光环打造出来。

有了光环后，你就是主角。

第 28 招

自带流量

明星、网红、微商都是自带流量的。

造势的核心，就是把自己打造成一个自带流量的人。

等你成了自带流量的人，你做什么都轻松，做什么都成功。

很多人不懂为什么这么多人要去做网红、做明星，是因为网红和明星自带流量。

为什么自带流量这么重要？为名，为利。

每个人都想红，想出名。

大多数人活着都希望自己活得有价值，希望自己不可或缺，渴望得到认可。没人想浑浑噩噩过一生。而当网红、明星，能让自己的价值得到体现。

世人皆爱金钱名誉地位，更可况在当今这个浮躁的社会呢？

当一个人有了名气，他的机会就会比平常人多很多，他成功的速度也会快很多。如果你想要快速成名、发家致富的话，当网红、明星是个不错的选择。

所以尽管做网红、当明星被不少人认为是做白日梦或是不务正业，但人们依然前赴后继。

网红 Papi 酱，原本只是一名普通的导演助理。郭敬明的《小时代》上映后，她和她的朋友拍摄了一个短视频来吐槽该影片。她那夸张的表演、热辣的吐槽博得网友的深爱。网友们纷纷关注了她。

紧接着，她趁热打铁，陆续发布了一系列秒拍短视频，收获了一大批粉丝。

Papi 酱的借势造势让她从一名普通草根，一跃成为一个自带千万流量的大咖。

如果你懂得造势，那你很容易成为网红，成为明星，成为一个自带流量的人。

因为造势可以提高你的曝光度，你就成了搜索热点。

然后你做什么都有粉丝追随你，做什么都越来越简单。

第 29 招

给自己一个机会

好产品 + 会造势 = 快速成功。

很多人说造势是套路，是骗人的。为什么大家会这么说呢？

是因为有些微商本身卖的产品就差，但他们造势很厉害，最后把一批人坑进去后，然后又继续坑另一批人。等大家发现产品真的很烂后，觉得自己上当受骗了，就会对其他微商的印象也不好。

但我们也可以思考一下：产品很差，只靠造势，就能卖得很好；那如果你有好产品，又懂造势，好产品加上造势，是不是更容易成功？

事实是：造势是普通人成功最快捷的方式。

“人大女神”康逸琨，因长相甜美，被网友称为“新一代网络清纯教主”。她原本只是一名长得好看的人大学生。

她走红，是因为在 2013 年，中国人民大学把她的一张毕业照作为招生海报，刊登在了学校官方网站上。由于她清纯、美丽、高雅的面容，人民大学的官网主页流量暴增，导致服务器瘫痪。

一时间，各高校女神纷纷亮相。“武汉大学女神”黄灿灿、“奶茶妹妹”章泽天、“最美校服女生”宋伊人等几乎都是在那个时候火起来的。

造势让康逸琨、黄灿灿等人的知名度迅速提升，让更多人认识她们，她们也有了更多的机会。

康逸琨成了网红，是拥有 45 万粉丝的微博大 V。

黄灿灿后来和明星何润东出演了《爱情麻辣烫》，还担任了改编自著名小说家明晓溪的《泡沫之夏》的同名电视剧的女主角，一时风头无两。

造势也让更多人想去人民大学、武汉大学读书。

这么出名的大学都需要造势来让大众更关注他们，更何况作为普通人的你呢？

大胆造势，大胆传播。如果你的产品足够好，你的人品足够棒，那还需要害怕不被人知道吗？

一个人不懂得造势，什么东西都藏着掖着，自己都不给自己机会，凭什么让别人给你机会呢？

第30招

双赢才是王道

帮别人就是帮自己。

微商造势是双赢的。

比如你拍一个见证视频，帮自己造势的同时也在帮别人造势。

拍见证视频见证你与大咖同台，同时也告诉别人与你同台的人是大咖。

你帮别人造势的同时，也在帮你自己造势。

刘家芳芳团队创始人发过这样一条朋友圈：

他们突然又这样齐刷刷地发了一条朋友圈……这样的日子久了，有时候会很惶恐，微商界能赚钱的老大多了去了！我刘芳何德何能得到这么多优秀的人的爱戴？！静下心来想想，或许就是因为‘情怀’吧，一起风风雨雨走过五年，我们吵过闹过哭过，但我们始终不曾放开彼此的手！我的心里，始终怀揣团队所有人的梦想！我的，就是他们的；他们期待的，就是我要做到的……

如此，成就了这么多沉甸甸的爱与崇拜。

像这种齐刷刷发赞美老大的朋友圈也是造势的一种，其结果也是双赢的。

对代理来说，这种造势可以让老大开心，加深了老大对他的印象，老大自然会给他更多的机会发展。

同时，可以让朋友圈的人看到你是一个感恩的人，并且一下子就记住了你的老大、你的团队。

对老大来说，代理们这样发朋友圈增加了自己和团队的曝光率，同时还可以看出哪个代理对这份事业更用心。

第31招

造势是一个日积月累的过程

造势不是立竿见影，而是需要日积月累，深入人心。

可口可乐、百事可乐、麦当劳都这么出名了，为什么还在打广告？他们打广告的目的是想让你看到广告就去店里消费吗？

当然不是！而是占领你的心智，当你路过他们的店面，看到他们的产品，或者有相关的需求时，会本能地选择他们。

不断地打广告，就是在不断地造势，让品牌深入人心。“今年春节不收礼，收礼只收脑白金”“怕上火，喝王老吉”，这些广告为什么十年如一日地播出？就是在不断地造势。

我们经常听到或看到这句话：“努力到无能为力，拼搏到感动自己，结果一定会让你欢喜不已”，但是又有几个人做到呢？

到目前为止，肖森舟到各地培训、讲座累计飞行了58万千米，相当于绕地球飞行了 14 圈多。

他每天 3 点才睡觉，睡前发条朋友圈，每天 7 点起床又发条朋友圈。就这样坚持了 4 年，这些都是他努力的过程。

别人看到后想：肖森舟真的太厉害了，很有意志力。

但他的成就不是天上掉下来的，而是靠辛苦工作换来的。

这样，肖森舟不仅养成了一种习惯，还造了势。

你也可以在朋友圈传递正能量，分享你的工作状态。每天都传递，每天都分享，坚持 3 年。

一开始别人可能会觉得你装，越到后面，越觉得你认真。

到最后，就只有敬佩了。

不是你今天造势明天就能变现。造势需要沉淀，它是一个日积月累的过程。

第 32 招

打造眼球经济

如果你没有打造眼球经济，别人关注不到你，你讲再多都没用。

微商卖东西主要通过移动端。

一般都是先卖给亲戚朋友，然后扩大规模，卖给那些社交关系相对较弱的人。

所以你要设法取得别人的信任。没有信任，就没有成交。

其实做人也是这样，成功的前提就是有人相信你。

这也说明，微商要注意个人品牌的塑造。

你的个人品牌塑造成功，别人才愿意去相信你。

以前你要做一个新项目，请人帮你造个势，大费周章请人吃饭，最后知道的人仅有二十几个人，可谓是寥寥无几，效果很差。

现在你只需要发朋友圈，就有成百上千人知道这件事情。

新媒体时代的到来让造势变得更简单。

在新媒体时代，微商可以靠朋友圈来积累人气。想要取得别人的信任，就要做一个动作，就是吸引别人的眼球，打造眼球经济。

比如肖森舟认识马云，社交关系就强一些；你不认识马云，你的社交关系就弱一些。

社交关系弱的人喜欢看社交关系强的人，看他们是如何社交的。

所以我们把社交关系搞得很强，别人就会被我们吸引。

造势就要把你的社交关系、你的财富关系、你的人脉关系全部展示出来。

美国前总统奥巴马来中国，就是个很大的契机。微商纷纷抓住这个机会，说某某品牌创始人受到奥巴马的接见，被邀请到美国发展业务。这段说明不仅吸引了别人眼球，还提供了很多信任背书。

第 33 招

基础扎实才能走得更远

先通过“自用 + 分享”，积攒 1000 个铁杆核心代理。

微商一开始就找明星造势，生意往往不会长久，因为你的产品还没有口碑。为什么有些人的思想还停留在微商是传销、是骗人的?

因为做微商的成本很低，有些人为了牟利，专做假冒伪劣产品，通过造势把产品效果、赚钱模式说得很美好。没有口碑相传，光靠造势也没用，还是没人会信任你。

先让第一批 10~100 人去使用产品，产生口碑效应后你的产品自然就被分享了出去。

基础扎实才能走得更远。

第 34 招

提前为造势做好充分准备

准备得越充分，造势效果越好。

有人说，虽然大咖在自己眼前，但是不懂得怎样让大咖对自己印象深刻。

这里有一个方法，就是提前为造势做好准备。

假设今天你要去请人吃饭，你应该这样造势。

提前把位置订好，挑好菜系，塑造菜的价值，然后邀请别人和你共餐。

普通人请吃饭往往只是说“有空请你吃饭”。但是吃什么？去哪里？什么时间？统统没交代。别人一听，就知道你只是在随便说说而已，那别人怎么会对你产生好感而答应和你一块吃饭呢？

你可以这么说："老师，我请您吃饭吧，旁边有家私家菜，那个法国大厨做的鹅肝超好吃。"一句话就把菜的价值塑造出来了，并告知了地点，别人一听，觉得你诚意十足，自然就会答应你。靠这种方法，你约饭的成功率就会大大提高。

除此之外，还有一个很重要的细节，那就是在请人吃饭的时候，提前去前台交一点押金，并告诉大家，这顿饭我请了。

提前把单买好，别人就会认为你很重视他。或者你在吃饭中途把单买了也可以。

但从造势来说，中途买单就没有提前买单效果好，会让人有一种你在刻意为之的感觉。

去见重要的人之前，准备好礼物，准备好他的书，然后拿过去找他要签名。当然，顺便拍张照也是可以的。你带着他的书、讲课的光碟去找他签名，他觉得你重视他，自然会对你产生好感，这样你的营销借势就水到渠成了。

记住把笔也准备好，不要签名的时候连笔都没有。你甚至可以准备一件衣服，让他在上面签个字。反正，只要能签的地方签上去就可以。

第 35 招

首先塑造价值

把价值塑造出来，造势效果事半功倍。

在说造势前，先问自己一个问题：你愿意和一个没有任何价值的陌生人聊天吗？

大多数人的答案一定是不愿意。

同理，别人怎么会愿意和一个没有任何价值的你聊天呢？

所以，造势首先要塑造价值，这也是造势前做的准备。

举一个例子：今天你和别人说你要和肖森舟见面，可是肖森舟究竟是谁？对他们来说，肖森舟这个名字一点儿价值都没有。

也就是说，任何一个人在不熟悉他的人面前，都是没有任何价值的。

因此，在和别人介绍一个人的时候，要先去包装他。

肖森舟是谁？肖森舟是《微信营销 108 招》的作者。

《微信营销 108 招》是什么？很多人也不知道。那你就要先塑造这本书，告诉别人《微信营销 108 招》是微商入门的第一本书，已经畅销了 50 万本，里面的内容干货满满，实操性很强，还没上市就已经众筹了 128 万。

别人一听，觉得这本书很厉害，那他们就会认为这本书的作者更厉害。这时候你再说“今天我与畅销书《微信营销 108 招》的作者肖森舟见面聊天了。”别人一听，你都和大咖见面聊天了，证明你混得很好，这样的造势就很成功了。

第 36 招

借助名人

水涨船高，谁会借助名声，谁就是赢家。

假如有些人不爱看书，根本不知道这本书是什么，这本书是谁写的对他都无关紧要的时候该怎么办？

有句话是这么说的：站在巨人的肩膀上，你就是下一个巨人。

换成明星、名人，大家就认识了。

比如马云，大家都认识，大家都很敬佩。你跟别人介绍的时候说："这个人是被马云接见过 3 次的肖森舟。"别人一听就会觉得这个人很厉害。

因为这个人不是和马云见面，而是被马云接见的。而且不是仅仅被接见一次，也不是两次，而是三次，那这个人的价值就更大了。

下图是用肖森舟和马云的合影做的一张肖森舟的个人介绍。

你也可以借助你老板、你老大的名声。

如果你的老板、你的老大也曾经和某某明星合过影或者和某某大咖是朋友，你作为他们的下级，也是很有价值的。

微商小芳芳与明星辰亦儒互相关注了。一般明星是不关注别人微博的。这是她自己在吹牛吗？不是的，这是事实。

她请我们用拼图软件帮她拼了一张图，有辰亦儒的照片，有小芳芳和辰亦儒的合照，还有微博互相关注的截图，这些都是她的名人见证。

再加上她个人的二维码，以后拿去宣传或作为个人名片的时候就会产生很大的价值了。

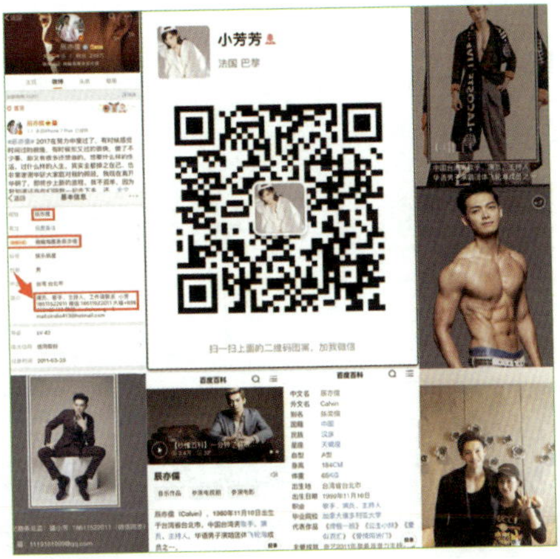

所以，要去找一些有名人朋友的人，想尽办法认识他们，和他们成为朋友，然后借助他们的名声。

除了名人的名声外，也可以借助品牌的名声。

比如抖音，有些人没玩过不知道它是什么，但如果你给别人介绍说，它是今日头条旗下的一款软件，他就会说：“哦！是今日头条旗下的啊，那我看看。”

基于他对今日头条的好感，他觉得它旗下的东西也不会差到哪里去，所以品牌影响了品牌。

第 37 招

多跟名人、明星合影

利用与名人明星的合影来为自己做信任背书，是建立别人对你品牌信任的一个最快速的途径。它可以帮助你展示你的人脉价值、财富价值、社会地位以及生活品位。

很多企业家都会跟省长、大领导合影，然后把合照放到荣誉墙上。

我们可以借助名人的名声，利用跟名人、明星的合影塑造自我，快速地宣传自己、扩散自己。

有人讽刺找明星合影的都是微商，其实找明星合影是再正常不过的事儿。

为什么微商去合影就被人诟病，普通人合影就不会遭到攻击呢？因为在大多数人的眼里，微商依然是不入流的。

但是你要知道，你花的钱是你自己的，跟那些不懂的人有什么关系呢？

微商通过跟名人、明星的合影来提高个人身价，打造个人IP。借力奥巴马、马云、李嘉诚等名人的IP进行自我炒作。绑名人、绑明星、绑热点、绑IP，这些都是为了让你的潜在客户看到你有能力还有势力，让他们在潜意识里就信任你。

很多名人已经很有名了，还是会去和更厉害的人物拍合影去宣传自己，传播自己，扩散自己。

利用与名人、明星的合影来为自己做信任背书，是建立别人对你品牌信任的一个最快速的途径。它可以帮助你展示你的人脉价值、财富价值、社会地位以及生活品位。

看电影首映也能造势。如果是去看与你合影过的明星的电影，回来后就容易进行二次造势。最好是别人送的电影首映票，截图下来，发朋友圈来证明你的个人魅力。

或者是参加明星见面会，买最前排的位置，然后和明星合影。

事后在微博上把相关信息截图下来，然后把你和明星的合影拼在一起发朋友圈，或者图片加上文字，是一次很好的造势。

总结一下借助名人明星合照造势的 18 点好处：

1. 品牌链接赢天下
2. 借力使力提升影响力
3. 提升自己的身价
4. 和名人合影有利于成交客户
5. 增加客户信任感

6. 满足傍大款的心理需求

7. 提高企业形象

8. 吸引消费者眼球

9. 爱屋及乌

10. 示范运用

11. 延续广告效果

12. 提高品牌的品质形象

13. 定位品牌

14. 丰富品牌内涵

15. 提供购买理由

16. 媒体炒作

17. 吸引潜在合作者

18. 激活朋友圈

简单来说就是蹭流量，做微商一定要懂得拉人拍照蹭流量。

第38招

信任背书

名人名气越大，越有信任背书价值。

为什么这么多微商喜欢找明星、名人合影？

因为现在和明星合影，和奥巴马、马云这样的名人合影，最后产生的效果跟请明星代言人差不多。

找一些成功的企业家、明星做背书，对微商事业可以起到一定的助推作用。

现在微商在开年会的时候喜欢请各种明星，实际上就是为了让自己的代理有机会可以和明星合影。同时向外界展示自己的财务实力，让别人知道自己有钱、请得起明星。

和名人合影，不是为了和他们聊什么东西，而是为了要照片。

有了这张照片，我们就可以把它裱起来，挂到墙上。我们还可以把它发上朋友圈、做头像。逢人就说，我跟这个人合影过，和那个人合影过。我是被这个名人接见过的，被那个名人接见过的，相当于这位名人为你做了信任背书。

所以微商造势当中找名人合影是很重要的一步。

肖森舟晒出和明星炎亚纶的合照，相当于炎亚纶帮他做了信任背书。

假如你有钱，你甚至可以直接请炎亚纶帮你打广告。

第 39 招

面子没那么重要

怕丢脸终将一事无成。

有人问肖森舟为什么做微商赚不到钱。

肖森舟发现他的朋友圈里面几乎没有跟他的产品相关的广告，就问他为什么不给自己打广告。

他说："我怕骚扰到我的朋友，担心钱没赚到，朋友也没了。"

不发产品广告，怎么让人知道你在卖这样东西呢？你的面子没有那么重要。知道你做微商就远离你的人都不是真正的朋友。真正的朋友会支持你的事业。你不需要请求他，他都会自动帮你转发广告。

所以如果有人在你的朋友圈下评论说讨厌你做微商，那你基本上可以和这些人告别了。删除键一按，你也舒服，他也舒服，

整个世界都清净了。

留下那些真正支持你事业的人。这样你的圈子都是那些想要赚钱、想共同进步的人。

去找明星合影的时候，脸皮也要厚一点儿。对普通人来说，看到明星、大咖会觉得自卑胆怯，不敢上前要合影。但你既然做了微商，你就需要这些合影帮你做信任背书。因此，要大胆地主动上前要合影，然后把合影晒出去。

肖森舟把自己的微信头像换成他和马云的合照，那大家就会知道他和马云合过影，就会觉得他是一个很厉害的人。

脸皮厚一点儿，更容易成功。

第 40 招

主动出击才有机会

> 去做，有百分之五十的机会；不去做，永远没有机会。

是被动待在家里能成功，还是主动出击能成功？

造势就是要敢去做，放手去做。不去做，人家愿意把机会给你吗？

主动出击，才有机会。

如果你不主动，机会一定不会来找你。

今天你去咖啡厅谈事情，咖啡厅的音乐声太大，打扰到正常聊天。你想让咖啡厅的音乐关小一点儿，这时候你就要主动去和店员沟通这件事情。难道你不主动找店员沟通，音量会自己调小吗？

你参加一个活动，看到一个大咖，你很想认识他，找他合影、签名，进而向他请教，甚至跟他合作。但是你不敢主动上前认识他，你想想，他会主动来找你吗?

本书前面，提到虹桥一姐辍学追星成名。如果她辍学后就一直宅在家里，那她能有这么多明星签名照还有合影吗?

还是要自己主动去做，去努力才有这些机会。

去做，有百分之五十的机会；不去做，永远没有机会。

主动出击，才有机会；主动出击，才能创造奇迹。

造势就是塑造自我形象，合法地去宣传你自己。

造势就是持续地自我营销。要懂得自我炒作、自我造势、自我曝光、自我扩散、自我表达。

造势，要自己主动造出来，不要天天想着势会落到你身上来。

第 41 招

把过程录下来

照片很重要，照片背后的故事更重要。

跟名人合影，让他签名时，要把过程也拍下来。这叫作有图有真相。

假设现在有个造型师，帮某明星做造型，然后拍了照片发朋友圈：

发圈方案一：文案是“今天帮某某明星做造型”，然后配上和明星的合影照片；

发圈方案二：文案一样，也配上了和明星的合影照，但多了一张自己在帮明星做造型的合影。

你更相信哪一个朋友圈？

第一个有明星合影，但不知道他是否真的和明星合作过。

第二个就不一样了，他把帮明星做造型的过程都拍下来了，旁观者就没有理由不相信他了。再加上他也有合影，相当于明星帮他做了一个客户见证。连明星都找他合作，那他的工作一定很出色。以后有人想做造型，就会优先选择这位与明星有过合作的造型师。

找明星拿签名也是一样。把这个签名的过程拍下来，甚至可以录个视频，那就更有可信度了。

拍合照的时候，两人最好做相同的动作，这样会看起来亲密无间，就像老朋友一样。

下图是肖森舟身穿马云题字的 2 号战袍受邀与马云见面，马云为他现场题字。

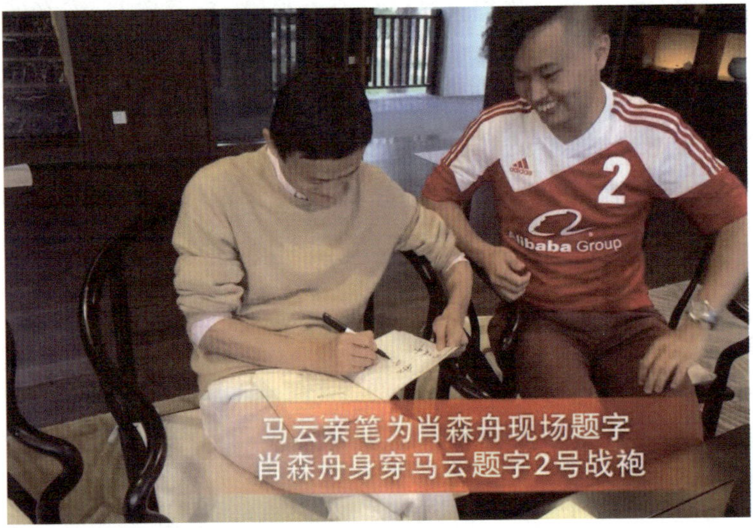

第 42 招

向追星族学习

功课做足，当机立断，能让你更容易造势。

与明星合影是最快的造势方法。

因此在造势的时候，我们常常要去找明星合照。

然而有时候遇到一些大牌的明星、名人，而且他们的经纪人也很大牌的时候怎么办？

向追星族学习！

首先做足功课。

现在互联网这么发达，你可以提前上网做功课，把明星的行程表下载下来，然后带上你需要签名的东西以及笔和手机，去现场蹲点。

这是追星族必做的功课。

然后当机立断。

追星族见到明星、名人的时候，会立马把手机掏出来拍照，二话不说先上去同框。

可能明星都没有反应过来，合影已经拍好了。

很多人去演唱会，不是为了听歌，也不是为了看明星，其实他们最大的目的是拍照。

拍完照后可以上传到朋友圈，证明自己看了一场演唱会，或者是见了某个明星，为自己造势。

提前做足功课，现场当机立断，能让你更容易达到目的。

右图是肖森舟和明星温碧霞的合影。

第 43 招

拉近关系，打感情牌

提高情商，学习说话的艺术。

上文我们提到，去找明星合影的时候要当机立断，尤其在追星族很多的情况下，不要犹豫，直接掏出手机拍。

但如果明星身边人比较少的话，你贸然拿出手机去拍照，是很容易引起别人反感的。

这时候就要打打感情牌："×× 您好，我是您的粉丝，我能和您拍张照片吗？"

也可以提前上网搜索明星最新出演的电视剧："××，您最新出演的 ××× 好好看啊，我好喜欢，能和您拍个照片吗？"这样明星就会觉得你是他的真爱粉，最新的电视剧都看过了，那你要到合照的概率就更高了。

这就是说话的艺术，也体现了一个人的情商高低。

如果你不懂得说话的艺术，而是上去就说：“我今天来就是要跟你合影。”那是很容易让人反感的。

如果你遇到一位大咖，最好能请他吃个饭，在共餐时提出合影或签名的请求，这样做就很容易达到你的目的。共餐的过程，也加深彼此了解的过程，甚至可以有更深一步的合作！

那么怎样才能邀请大咖一起吃饭呢？你可以说：

“××老师，我是您的粉丝，我可以请您吃饭吗？听说您喜欢吃××，我在××餐厅已经订好位置，请一定要赏脸啊。”

说得这么诚恳，共餐的机会就非常大，除非这个人很大牌或者实在没时间。

无论如何，都要用上礼貌用语，语气要自然、诚恳。

第 44 招

小恩小惠推波助澜

千里送鹅毛，礼轻情意重。

想让别人记住你，送人礼物是最可行的。

见贵人或重要的人之前，要提前准备一点儿小礼物。

这既是礼貌，也是让人喜欢你、接受你的方法。

2013 年，肖森舟以 35790 元的价格拍下了马云的 2 号球衣，带上了自家 5 千克上好的安溪铁观音，飞往杭州再一次受到马云的接见。他们泡茶、吃饭，畅聊了几个小时，增进了两人之间的感情。

如果你没有很合适的东西，那要送什么？

送充电宝可不可以？如果你送个充电宝给马云，你说马云会不会要？肯定要啊！马云也是要玩手机的。

我们常说“礼轻情意重”，礼物虽小，但它所代表的尊重、诚意是巨大的。你如此真诚，别人怎么会对你过目即忘呢？

但不管价值几何的礼物都不能乱送。

要投其所好，送对方需要、不会拒绝的东西。

肖森舟和马云边走边交流

送礼物的时候还要给对方面子，比如告诉对方你是他的粉丝，这样就可以拉近关系，增近感情。如果一上来就送东西，只会让对方感觉莫名其妙。那这样的礼物，不管好不好，谁敢收呢？

在与重要的人见面前，你可以思考一下，什么东西是别人需要的、不会拒绝的？

第 45 招

在礼物上印广告

利用一切机会来宣传自己。

在上一节“小恩小惠推波助澜”中提到要送别人礼物。

既然都是要送，为什么不送上印有自己个人信息的礼物呢？

比如送充电宝，你可以在网上定制印有你个人介绍和个人二维码（微信号）的充电宝。

首先别人一般不会拒绝充电宝。其次，印上你的个人介绍，等于是为自己做了一个广告。

他自己用也可以，借给别人用也可以。几十元钱，在别人那里买一个广告位，这笔钱花得怎么算都很划算。

手机壳也可以定制。肖森舟把自己和马云的合照拼在一起，定制了一个手机壳。他拿起手机的时候，不需要自我介绍，别人也知道他是一个很厉害的人。

你定制了手机壳除了自己用，还可以送给别人。别人玩手机的时候，也会一眼就看到你的个人介绍，等于也是做了广告。

手机屏保也可以放自己的二维码，让别人轻松扫一扫添加你的微信。

只要能印上个人广告的东西，都可以作为礼物利用起来。

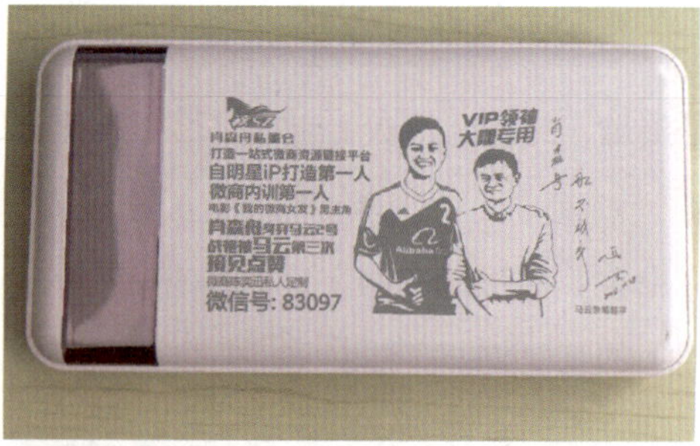

第 46 招

舍得投资

舍得去投资自己、包装自己、塑造自己。

找明星拍照合影、利用明星造势和代理赚钱是两码事。

有些人说就算没有名人背书，也能赚一大笔钱，那还需要找名人造势做信任背书吗?

答案是需要的。

造势不是万能的，但没有造势恐怕是万万不能的。

当红小生组合 TFBOYS 生日时粉丝送别墅轰动全世界，往后每一年他们的生日俨然成了娱乐圈的一道风景。

包飞机、买月球的地、买行星……造势一年比一年厉害。虽然这势是粉丝们造的，但造得相当成功。因为造势，TFBOYS 的人气冲出中国，冲出亚洲，冲向世界。

连明星的粉丝都知道要花钱给自己的偶像造势，更何况你一个普通人呢？

营销号娱八婆曾经在节目上爆料：原来明星们的绯闻不仅仅是被狗仔拍到曝光，有些竟是他们自己花钱请狗仔们帮忙炒作，赢得热度。

虽然在大众看来，明星有绯闻不是什么光彩的事。但对明星来说，只要有爆光度就行。影响好的当然好，影响不好的就做危机公关，然后洗白。花钱炒作也是造势的一种。

肖森舟第三次见马云的时候，拍了马云一件球衣，价值35790元钱。拍下来后他还请马云帮他签了名，合了影。

有些人说“哇，好贵啊！这个人是不是傻？”

然而这张照片肖森舟一直在用。马云现在已经是中国电商大佬了，你现在还觉得这件球衣贵吗？

跟一个明星见面可能需要十万、一百万，但后来你会发现这笔钱不仅不贵，而且花得非常值得。因为你以后可以一直用，甚至可以用一辈子。

又比如和奥巴马的合影，花二十几万，最后引来媒体的报道，既吸引了大众的眼球，又提高了品牌和团队的知名度。

更何况就算他是前任总统，也不是你想见就能见的。因为奥巴马是名人，门槛很高。

别的故事，充其量你只能说一阵子，但和名人合影这件事情，你可以说一辈子。

所以微商和奥巴马握手合影是非常值得的。借助政要的影响力，展示微商新形象。政要把你树立成榜样，政要为你彰显实力！

不仅是和名人明星合影，像有些微商去冠名节目，在电视上打广告等都是花钱造势。花钱造势，让普通人认识到这个品牌，产品的销量自然而然就会变好。最后，越来越多的人愿意加入你的团队。

所以，造势要舍得花钱，舍得去投资自己，包装自己，塑造自己。

第47招

不能合影，先求同框

没有资源的时候，先学会蹭资源。

我们花的钱是我们自己的，我们想和谁合影就和谁合影，这无可厚非。

但年轻人一没钱，二即使有钱也不一定能请到明星合影怎么办？比如去和奥巴马合影，光入场费都花6000元了，合个影单次收费20多万，年轻人哪有这个钱？

这种时候建议可以先蹭合影。公司年会、演唱会、明星见面会、内训会等，都有见明星的机会。那你就去同个框，蹭个合影，等以后有机会、有条件了，你再去请明星过来给你代言，拍正规的照片。

蹭合影，也就是蹭热度。这是我们微商惯用的自我营销手法，也是互联网出现之前普通人自我营销的做法。在吸引眼球的热点事件上蹭个合影，花最少的钱就能实现最大的效果，这是一件多好的事啊！

没条件正式合影，先求个同框就好了。

不要一开始就去求一堆合影，一步一步来，循序渐进。待你成名后，你也可以轻松获得与名人的合影。

肖森舟的太太钟华清非常喜欢歌手费翔，他就去帮她要费翔的签名照。这张签名照，等于是帮他们俩也造了一次势，别人看肖森舟这么轻易就能要到签名照，肯定更加信任他。

同框的合影也要拍好，因为蹭的合影与正式合影还是有区别的。

正式合影通常只有两个人或排列整齐的一堆人。合影的时候背后如果有人，他凑过来合影就是蹭合影。

蹭合影的照片价值不高，并且显得这张照片有点儿Low。

而正式合影很正规，价值很高。

如果没有正式合影怎么办？

P 图！把边边角角裁一下，背景处理一下也是可以的。

比如下面这张照片，在角落处站了一个人，显得这张合影不那么正规。但是如果我们把它裁剪一下，照片就变得很正规了。

和名人合影完后，还要把图片美颜一下，把图片上的小细节都抠掉，比如楼梯口、包包、厕所门等，只留下你们两个人的合影就可以了。

第48招

用“名人说”来证明自己

说什么不重要，谁说的最重要。

二十年前，马云从美国硅谷回来的时候，记者采访他：“你在美国学到了什么？”

马云说：“我在美国学了一句话，‘未来要么电子商务，要么无商可务’。”

说完之后发现记者并不感兴趣。这时候他马上又补充说：“这是比尔·盖茨说的。”

记者立马两眼放光，把这句话写了下来。

这就是“名人说”的威力。

说什么不重要，谁说的最重要。

如果你没有名气，说得再对都不会有人理会；

但如果你成了名，随便说什么，别人都会视为真理。

二十年前，马云还不是太出名，这时候他很聪明地利用“名人说”把记者的视线聚焦到他身上，同时又证明了自己做的事情相当靠谱。

很多微商喜欢在朋友圈发马云说、李嘉诚说……也是同样的道理。

一方面显示正能量，另一方面相当于给自己做了一个信任背书。

下图是马云给肖森舟的题字。放上互联网分享，又引发一次关注。

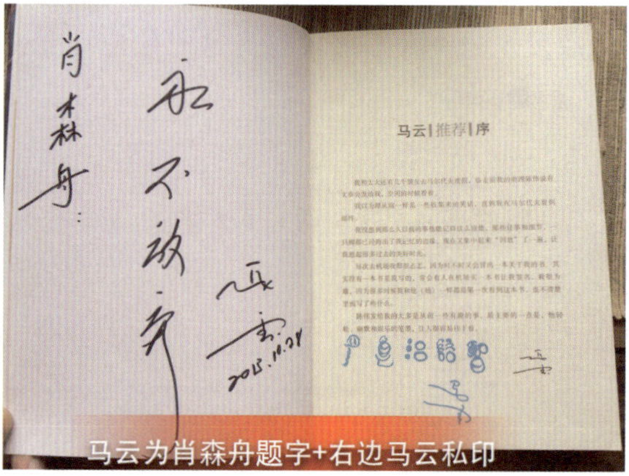

马云为肖森舟题字+右边马云私印

第 49 招

好口才价值连城

人都喜欢被赞美，喜欢听好话。

虽然马云长得不好看，但国内口才最棒的企业家无疑是他。传言他曾 6 分钟说服了孙正义投资，顺利地度过了当年互联网寒冬。

马云之所以口才出众，与他当年做大学讲师的经历是分不开的。讲课让他思维敏捷，也锻炼了幽默的语言风格。

造势过程中，好口才至关重要。要想有一个好的口才，必须要多学习，多读书。还要大胆开口说。口才是需要长期练习的，越练习，口才就越好。

还要会说话。透露一个秘密：嘴巴甜一点儿，多夸人。人都喜欢被夸，喜欢听好话。跟客户谈生意时，多夸他，就容易成交；教代理做事，多夸他，他就容易进步；见到名人、明星，多夸他，他就容易接受你。多发现别人的优点和长处，养成随时随地夸人的习惯。

第 50 招

让别人在一分钟之内记住你

时不我待，让别人快速记住你，你就是赢家。

设计一个让别人一分钟就能记住你的点。

对微商而言，学会让别人在一分钟内记住你至关重要。而造势就要想方设法在一分钟之内完美地展示你自己。

就像电梯文化，你要在这短短一分钟之内把自己介绍明白，否则你就跟贵人擦肩而过了。

A 先生、B 先生和 C 先生在同一家公司工作。

有一天，他们仨在电梯内闲聊，这个时候领导进来了。

A 先生立马按住了开门键等领导进来后才按关门键，领导对他说了声“谢谢”。

B 先生率先和领导问好，然后谈论起了今天的路况：“今天外面挺塞车的。”领导听了后回了一句“嗯，是的。”

领导说完后，没等 B 先生开口，C 先生就马上接话。但他接话的内容不是闲聊，而是汇报自己的工作进度和想法。领导一听，立马和 C 先生聊了起来。

你猜，在这短短的一分钟里，领导记住了谁？

A 先生虽然绅士，但是他沉默；

B 先生虽然最先开口，但是他没有抓住领导的喜好；

只有 C 先生，虽错失先机，但会投其所好，给领导留下了一个工作认真的形象。

这样以后有什么工作机会，领导都会先给 C 先生。

电梯文化，你说妙不妙。

微商也一样，很多时候你见到新客户或者贵人，如果你没有办法在短时间内投其所好，让别人记住你，那你很可能就会错失良机，而你以后为了弥补这次良机带给你的损失需要付出更多努力。

一分钟让别人记住自己，需要做到两点：

1. 自己要有清晰的定位。

2. 投人所好。

第 51 招

言而有信，说到就要做到

> 轻千乘之国，而重一言之信。

肖森舟讲过很多课，培训过很多人。

但这些人里真正能成功的，只是少数。

大多数人，都是听听很激动，想想很冲动，回家一动不动。

所以到最后，他们也没有多大进步。

有一些聪明人，想法很多，不论什么事，都能拟定一套看上去很像样的方案，但就是不付出实际行动，不去落实。

一个成功的人，一定有超强的行动力，说到做到，身体力行地执行并实现自己的创意和想法。

一个有魅力的人，必定当机立断，说到做到。

说到做到，不仅仅是对自己的承诺，也是对别人的承诺。

你只要做出承诺了，就要按承诺好的去完成。别人看到你说到做到，自然就愿意去相信你了。

如果不能实现承诺，就是不负责任。久而久之，别人就不愿意去相信你。

越是没本事的人，就越喜欢找各种理由去推卸责任。

只有让别人相信你了，才能让他心甘情愿地追随你。

说到做到，太重要了！

第 52 招

成就别人才能成就自己

主观为自己，客观为别人。

有些企业的招聘信息里面写：给员工做培训，有出国学习的机会，有大咖带你学习……

这些信息都会让求职者非常心动，因为每个人都渴望学习，渴望成长，渴望独当一面。能在赚钱的同时还能学习，那真是太好了。

阿里巴巴内部有一句话是这么说的：“管理者是通过成就别人来成就自己的。”

微商老大出钱给大家做培训、开年会，是希望你赚钱还是他赚钱？答案是都希望。

老大通过给代理机会，支持代理发展，给代理好的平台，最终实现了代理的价值，从而使自己也获得价值。代理赚了更多的钱，那老大能不赚钱吗？

还有另外一种成就，就是成就其他团队的价值。

一些做大的微商平台，可能不止一个团队。可能有前端，也有后端，这些前端后端的团队又分了好几个小的团队，从而组成一个大的团队。

有些人问："凭什么我兢兢业业地辛苦工作，最后却当了别人的跳板？"每个人都想自己成为利益最大的受益者，这是人的本性。

假如你的平台是一辆车，里面的团队就是一个个零件。你所在的团队也许是小螺丝钉，但是只有螺丝钉扭紧了，其他零件才不会出问题。

所以，拧紧螺丝钉，成就其他团队，最终整个大团队才能继续往前走。

你能够成就的人越多，自己也就越成功。

第 53 招

让别人觉得你很重要

通过环境、语言造势，让别人觉得你很重要。

张卫健曾在一个演讲节目爆出自己的经历：

他有一段时间处于人生低谷，有一年时间没有工作，全身上下仅剩 5000 元。有一天，他收到我国台湾一家唱片公司的邀请，问他有没有兴趣谈合作。

他答应了。

5000 元要怎么造势？怎么让他的明星架势摆足？他是这么做的：

首先，他用了 1500 元钱，买了香港台北的来回机票；

接着，用 2500 元钱，订了一间全台北最贵的酒店里最好的套房；

然后用剩下的 1000 元钱，租了一辆奔驰。

他约了对方晚上 10 点钟在房间里谈，9 点的时候他点了 5 杯咖啡，买了两包烟。然后他把糖倒进咖啡搅拌，打开烟盒，抽出烟烧剩一半。最后把整个桌面弄乱后，他坐在椅子上等着。

10 点的时候，唱片公司老板来了。进门看到桌子这么乱就问他："刚刚有客人来过吗？"他说对啊，刚刚环球唱片的老板来和我谈合作，谈得挺开心的。唱片公司老板一听是环球唱片来谈合作，对他的态度更好了。

一个礼拜后，张卫健和唱片公司老板签约。半年后，他从地狱跳到天堂。

明明没有客人来过，老板看到桌面很乱误以为有客人来过，于是心想"今晚我就要把你搞定！"张卫健成功地让老板认为他很重要。

微商如何让别人更看重呢？

对比一下这两句：

"你今天去参加了一个活动。"

"你今天受邀出席活动。"

哪一句比较好？肯定是第二句，证明我们很重要才会被邀请。

第54招

朋友圈吸引力法则

持之以恒地晒单、晒钱、晒品质生活、晒圈子。

朋友圈造势，就是持之以恒地晒。

1. 晒单

晒成交记录单，晒成功订单，晒运费单。

可以看到很多微商在朋友圈都喜欢晒单，让大家知道他的产品多么畅销。人都是有从众心理的：这个产品这么畅销，我也要买来试试。

2. 晒钱

比如买了哪个名牌包包，买了哪辆名车等，都一定要晒到朋友圈里来。

微商晒钱实际是展示自己的财务实力，暗示别人：我不会在乎你的货款，不会骗人，卖的一定是正品，是好货。货一定会准时发，不会欠你的。

3. 晒品质生活

微商朋友圈一定要晒自己的品位生活，告诉别人我不仅是微商，我还依然是你的好朋友。晒品质生活，显示自己品位非凡。

晒日常生活状态，自己悟出来的人生真理，满足别人的好奇心。

4. 晒圈子

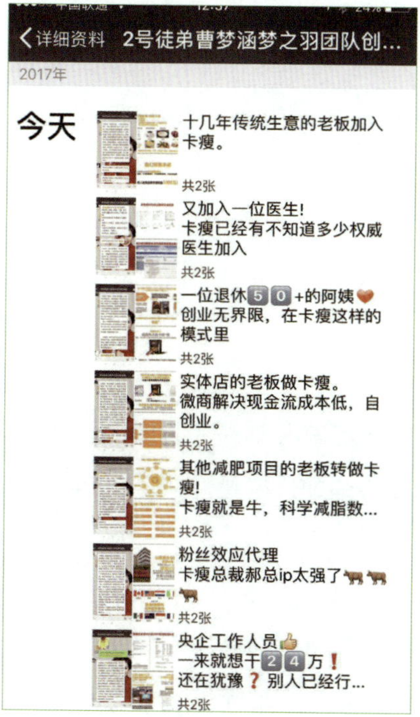

你在什么样的圈子里，你就是什么样的人。

一定要经常晒自己的优质圈子，跟名人、明星、大咖的合影，还有视频。

这基本上是微商逃脱不了的吸引力法则。

不要让你的朋友圈没有你的产品广告，没有你的造势动态，也不要让你的朋友圈全是广告。

第 55 招

好的平台，自带势能

选择比努力更重要。

做微商，什么最重要？

你的平台最重要！如果你的产品是假的，你的平台是不好的，那无论你造多少势都没有用。

因此选对平台很重要。

1. 好的平台有大咖授课

好的平台才请得到大咖去帮代理做内训，你才可以通过学习让自己更快上手。并且通过大咖传递的价值观，你整个人都会得到升华，眼光才能看得更长远。

2. 有好的平台，你才有机会和更多明星同台

好的平台才有钱去请明星过来造势，这样你才可以和明星合

照，让明星帮你做信任背书。

3. 好的平台背后有强大的团队，成长也更快

好的平台自己有鼓舞军心、稳定军心的方法，因此他们的团队更团结，更能让你成长。

没有人会直接给你荣华富贵，但是能给你一个平台。别人给你平台，你懂得造势，你才能成为主角。

现在这个时代什么都不缺，缺的是像鹰一样的眼光，像狼一样的精神，像熊一样的胆量，像豹一样的速度，还有懂得造势的方法。

平台、商机、机遇，加上你会造势之后，你获得的就是人生的财富。

第 56 招

发朋友圈的图片要精致

没有人会拒绝美好的事物。

精致的图片不仅可以提高朋友圈的品位，在你刷屏的时候还不招人讨厌。

很简单，两张美食图，一张是满桌刚上桌的美食，另一张是吃剩的饭菜，桌面上到处是食物的残渣。你会喜欢哪一张？

肯定是第一张对不对？人们都喜欢欣赏美的东西。如果你的图片拍得赏心悦目，就算你发的是广告，别人也不舍得去屏蔽你。

精致，用在别的地方也同样适用。比如产品包装，年会布置……

包装精致的产品，在别人的眼里有更高的价值。

年会布置精致，一拍下来发到朋友圈，就会引来别人的羡慕和赞叹。

这些对你的个人造势也是很有用的。

像幕色天使的宣传海报，制作这么精美，放到朋友圈别人点赞都来不及，怎么可能去屏蔽你呢？

再加上海报显示的是全明星盛典，还会有人主动问你拿门票呢！

这就是一个造势的机会。

第 57 招

制造热销文案

文案力就是竞争力。别人看到你的文案那么好，被你的文案打动了，心动自然就容易行动。

要学会制作热销文案。好的文案价值千万，更容易成交。

老大写出来后，代理微商去刷个十几条，整个团队都可以复制他的文案，再次刷圈。别人看到你的文案那么好，被你的文案打动了，心动自然就容易行动。

李鲆在《微商文案手册》里写道：

微商文案的核心是利他思维。

微商文案与传统广告文案的本质区别，是微商文案必须是利他的，也就是对他人有用的。

微商文案有两个原则：要么有用，要么有趣。

既无用、也无趣的文案，肯定会让人反感，也就难以逃脱被屏蔽的命运。

微商文案有四个特点：生活化、碎片化、全息化、持续化。

应该确立一个营销核心，围绕这个核心写一系列文案，持续地发出来。

微商文案有八项注意：短小精悍、文图结合、重点前置、文末强调、层次分明、可加链接、善用评论、植入要点。

按照这些标准，有意识地找一些好的文案来模仿、练习，你就能写出爆款文案来。

第 58 招

做活动前要预热

预热三板斧：发预告、发海报、红包接龙。

有人说："为什么我的微商活动没有人来参加？"

答案是因为你没有做活动前的预热。

活动前的预热包括：发预告、发海报以及红包接龙。

如果你发的预告和海报足以吸引人的眼球，再做红包接龙，那叫锦上添花。如果没有达到预期，那你一定要做红包接龙，因为"有钱能使鬼推磨"。

微信群里做红包接龙属于场内造势，群主可以自己制定玩法。比如规定发 20 个红包，金额不低于 10 元，手气最佳接着发，直到活动开始。

有些人在群里参加活动本来只是抱着观望的心态，玩了红包接龙后，与大家聊熟了，就会主动参与其中。

这样做是为了提高群的活跃度，让群自发地热闹起来。

同时可以让代理们或者参加活动的人截图发到朋友圈里去传播。让更多人知道这个品牌这个活动，吸引更多人的关注。

有的人看到你的截图，发现你这个活动群有红包接龙，就会主动找你要求进群，又制造了一个成交的机会。

第 59 招

有截图，才有证据

截图造势的好处，就是增加真实性。把证据摆出来，别人会更加信任你。

为什么要截图？截图造势是微商最基本的造势。

我们一直在提，微商就是素材为王。而截下来的图也是你的素材之一。

有些人觉得微商的截图是在APP上做的，是造假。但是微商如果没有截图，又如何显示自己是真实的呢？

侦探破案的时候需要证据，把证据摆出来，别人才会更加信任。

对于微商来说，截图就是最好的证据。

截图造势的好处，就是增加真实性。

所以，不必理会那些不懂你、恶意猜测你的人。

只要坚持做你认为对的事情就可以了。

截图的时候一定要显示出来，你在群内，发个赞、发个恭喜。或者是复制文案保持队形，突出自己在群里，证明自己没有弄虚作假，没有盗图。

最好在图上加上自己的个人水印，真实性更强。也可以用图片 + 文字的方法说明，让别人一目了然。

这种造势方法同样适用于那些制造热销气氛的环节。

第 60 招

权威背书

大家更加信任专家，信任权威。

又加入一位医生！已经不知道有多少位权威医生加入卡瘦权威的指南针。

像肖森舟的徒弟曹梦涵这样让权威来见证也是一个造势点。

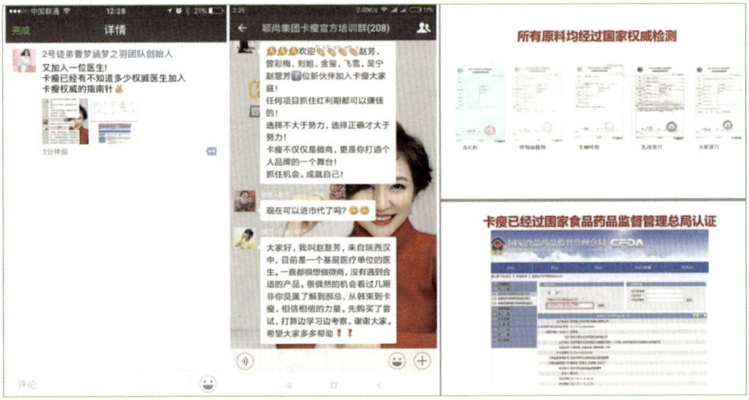

大部分人都相信专家，相信权威。这种现象自古就有了。

东汉末年，南阳的许劭兄弟是当地的名人，他们说的话就是权威。

每月初一，他们就会对当时的人物或者诗文字画发表意见。只要是他们提到的人物，那个人就会身价倍增，名扬天下。

为什么大家都那么爱专家，那么爱权威？

因为他们够专业，他们说的观点往往是正确的。

所以，有专家加入你，说明你做的事情就是正确的。

从而让别人更加信赖你的产品，更加愿意加入你。

第 61 招

活动倒计时

倒计时让人产生紧迫感，紧迫感引人关注。

晚上我们去逛街的时候，会看到面包店打折。

不添加防腐剂的面包通常只有一天的保鲜期，面包店为了告诉大家他们不卖隔夜面包的信息，就会以打折的形式清光当天的面包存货。

一般从晚上八点开始打折，打九折；九点到了打八折；十点，打七折，然后准备关门。

这时候你会发现，打九折后，面包数量开始减少。

打八折后，面包数量寥寥无几。

到关门时间，面包已经卖完了。

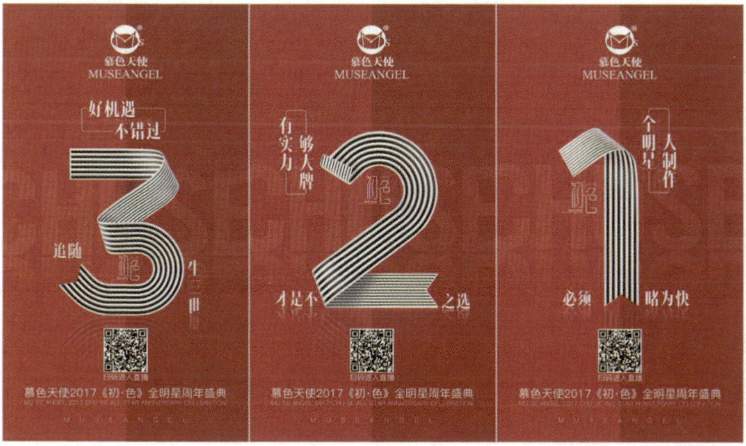

倒计时打折，给人一种紧迫感，告诉别人再不来买我就卖光了。微商造势中，也可以利用倒计时造势，发倒计时文案和海报是一种很聪明的做法。这同样也是活动预热的一种。

发倒计时文案的好处：

1. 可以给人一种紧迫感，紧迫感引人关注。

2. 提醒团队和朋友，活动准备要开始了，还没有参加的赶紧参加。

3. 让朋友圈的看客看到你们对活动的重视以及对活动的规划。有规划的团队会让人感觉更加靠谱。

第 62 招

展示团队活力

团队有活力，别人才愿意加入。

我们经常看到微商晒团队照片：

“恭喜 ×× 加入我们团队”，他们或者点个赞，或者发个红包。

团队厉害才吸引到人才。微信上显示成员多的方法就是截图群聊。群聊动态的活跃度就代表着这个团队的活力。大家经常在群里聊天、发红包，才能展示团队的活力。还可以展示，有人加入就会有人汇款这一重要信息。

展示团队热销，告诉别人我们是一个很棒并且富有生命力的团队，吸引别人加入我们。

这种做法也是打造眼球经济的一种。

除了微信群聊截图外，你还可以晒你们的团建活动，你们的内训活动。一群人穿着同样的衣服，做着同样的手势，喊着同样的口号，让人看了都觉得感动。

假如你不在微信上显示你团队的活力，别人怎么知道是不是该加入呢？对你的顾客来说，团队作战比个人作战更让人值得信赖，更何况是如此有活力的团队呢？

像肖森舟这张照片一样，每个人脸上都洋溢着笑容，比着一样的手势，穿着一样的衣服，一看这个团队就非常团结。

第 63 招

与朋友合作

尊敬别人，就是尊敬自己。

马云在很多年前主动上门求马化腾投资阿里巴巴，但当时马化腾不太看好阿里巴巴，所以拒绝了马云。

马云当时血气方刚又有野心，怎么可能咽下这口气呢？

但在利益面前，他顾不上这么多。后来有些项目都是两位大佬共同投资完成的，比如滴滴打车。

大家有没有发现，越是处在上流的人，越不在乎小恩怨，而是希望共同进步，共同成长。

但处在下流的人，比如公司里面的小职员，总爱拍老板马屁，与其他同事搞是非。最终的结果总是不好的，得不偿失。

人抬人，自尊自贵。

你尊敬别人，就是尊敬自己，提高自己的身份。

我们经常听到比赛后运动员会评价自己的对手是伟大的运动员。那么他和伟大的运动员比赛，也说明他自己也是伟大的运动员。

这就是打造标杆的力量，让别人也向往榜样、向往标杆，相信榜样，追随榜样。

把你身边的人捧成第一后，你和他交朋友，你不就是第二吗？你弯腰的程度决定你未来事业发展的高度。

在你什么都不是的情况下，把腰弯下去。你连腰都不愿意弯，谁愿意给你机会？

第 64 招

批量制造内容

> 微商被接触到的首先是素材，然后才是产品。

朋友圈有人关注，造势才成功。在造势中，批量制造内容是招数之一。做微商，一定要懂得批量去制造内容。

批量制造内容的好处：

1. 量多，回去发朋友圈的时候有更多的素材可以选择。
2. 在没有活动的时候，可以翻翻积累的素材发朋友圈，有更多的故事可以讲。

有些人拍照的时候只喜欢拍一两张，一方面是害羞，另一方面是怕照片占内存，这种做法是不好的。

如果只是拍一两张照片，回去发现照片不好看，怎么 P 都不好看，不想发朋友圈。或者发了朋友圈也没有人愿意帮你转发，那你亏不亏？这样造势等于白造。

拍照的时候要尽量多拍，各种元素都拍齐，每个重要人物都要去合照。这样回去拼图比较好拼，内容不容易重复，而且一定能出好照片。

拍照的时候一定要记住：不要脸。不要脸才能拍到照片，才能拍出好照片。害羞的话就总会畏手畏脚，拍不到好照片。

如果手机内存实在不够，有钱的时候一定要买一部大内存手机，或者买一部专门拍照的手机。比如美图手机，内存又大，拍照又好看。用好看的照片发朋友圈肯定有很多人点赞和转发。

你不能天天等着别人帮你造势，天上不可能掉馅饼。多拍照，多合影。微商被接触到的首先是内容，然后才是产品。微商要以素材为王。

第 65 招

你需要一个神助攻

有一个懂你的神助攻，造势更及时。

你们看过《美女与野兽》吗？野兽那么丑，又不解风情，怎么能赢得贝儿美人的芳心呢？

原来是因为他有神助攻！

一开始，野兽很讨厌贝尔，觉得她和她父亲一样是小偷，是茶壶妈妈劝说野兽不能因为贝儿的父亲而对她有偏见。

贝儿被野兽惹生气后，晚上想离开城堡，但烛台卢米亚、座钟葛华士劝贝儿不要离开。

野兽约贝儿跳舞的时候，野兽城堡里所有的仆人都帮他打扮。

在神助攻们的帮助下，野兽王子终于有勇气大胆地展示自己。

而贝儿也在仆人们的神助攻下，看到野兽温柔善良的一面，爱上野兽。最终野兽追到贝儿，和贝儿幸福地生活在一起。

神助攻多么地厉害！他清楚你的需求，在关键的时候推你一把。有时候不可能完成的事情，在神助攻的帮助下，也可能会完成。

所以，有神助攻是多么幸运的事儿。

但是神助攻不是每时每刻都在你身边，关键时刻还是要靠你自己去制造神助攻。

比如你去找明星合影，去拜托身边的小伙伴，帮你拍照。

又比如你和明星同台，光上台没有用，要把视频拍完才叫同台。

你上台和大咖说话的时候，应该提前叮嘱小伙伴拍下同台视频，以作证明。

还有，你在群里开课时，也要安排好助手，引导方向，烘托气氛。

第 66 招

跟随策略

打不过，就加入。

跟随，让你遇到的机会更多。“跟随 + 抓住机会”，造势肯定能行。

简单地说，跟随策略就是“打不过，就加入”。

总有些人比你影响力更大，你竞争不过他，就加入他，跟随他。

这种策略比你想在各个领域做第一更靠谱。

你可以像狗仔一样，明星去哪你就跟到哪。看到明星去贵宾室，你可以趁明星从贵宾室到台上的路上要合照、要签名；看到演讲嘉宾从主席台走下来，这就是他的空档期，你在空档期跟他拍照可不可以；或者看到他去茶室，你也跟过去；或者你看他去了洗手间，你也可以在洗手间门口等他。

你能跟随他，跟他拍照就很容易。

除此之外，还可以跟随名人正在做的事情，蹭一波名人的热度。

假设有个名人要去做冰桶挑战，那你可以跟着他们一起做，然后把视频拍下来，配上文案，最后放上微信、微博。热度自然而然就来了。

还有一些营销号是这么做的：当明星有绯闻，或是社会上有热点话题时，他们会跟随这个热度，去蹭这个热度。先写文章，再加以推广，爆文就出来了。

跟随策略还可以理解为当“老二”。但你不能一辈子做老二，你要先找一个火车头，不断学习与实践，看准时机再冲上去取而代之当老大。

正所谓欲速则不达，在造势中合理跟随，也能达到借势的效果。

第 67 招

先学习，再超越

先学习、模仿，然后再添上新的特色，完成一个新的组合，最终实现超越。

有些明星刚出道的时候被说像 ××× 大牌明星。有的是因为长得像，有的是因为刻意模仿才像的。

有人说，模仿就是山寨，其实不是的。

创新分两种。一种是从无到有。另一种就是在原来的基础上再创新，这个过程就需要先学习、模仿，然后再添上新的特色，完成一个新的组合，最终实现超越。

刚出道的小明星通过模仿大明星，学习他的穿衣打扮、拍照的风格等来获得关注，同时在不断学习的过程中添加他自己的个人特色。随着时间的流逝，小明星火了。人们就会忘记他是因为模仿大明星才火的，只会知道他这个人很火。

微商也可以这么做。你可以找到六个比你成功十倍，甚至百倍、千倍的名人、IP，绑定他们，向他们学习，最终超越他们。

还可以学习你的榜样。24 小时观察他的作息时间、生活习惯、行为习惯、言行举止、处事方式。他哪里厉害学哪里。但最重要的是，不只学习他的现在，还要学习他的成功过程。

只学习他的现在，你很难成功。我们要从他一步步走向成功的路径中学习经验。要在他的奋斗过程中学习，学习他的经历、经验。

你想想现在的马云穿布衣布裤，低调做人，你也只学他穿布衣布裤低调做人吗？这是不够的。我们首先要学习的是以前他是怎么高调做事的。

第 68 招

不要和机会讨价还价

> 你以为的幸运，都是别人努力多年才发出的光芒。

造势的成功来源于机会，只有及时把握机会，才能让成功来得更快。

法国著名的幻想小说家凡尔纳 18 岁时，在巴黎学习法律。有一次，他去参加一个上流人士的晚会。下楼时，看到扶梯，童心未泯的他就沿着扶梯滑了下去。结果撞到了大仲马的身上。凡尔纳起身和大仲马道歉后，与他攀谈了起来。那以后，凡尔纳和大仲马成了好朋友，并走上了文学创作之路，成了法国著名的幻想小说家。

俗话说："机不可失，时不再来。"凡尔纳抓住了机会，他成功了。我们做微商的，其实身边也是有很多机会的，就看你懂不懂得抓住。

公司的年会、大咖见面会、培训交流会……这里面有太多的机会。

要懂得抓住当下机会。你以为的幸运，都是别人努力多年才发出的光芒。

所以一定要主动开口，把握机会、抓住机会、创造机会。

不要和机会讨价还价。等你讨价还价的时候，机会都溜走了。有时候你和明星合影、名人合影造势的机会只有短短的10秒、20秒。你要在5~10秒之内抓住机会，不要白白错失机会。

假如马云现在在你身边，你要立马先把照片拍了再说。难道你要等马云走了才去找他吗？那要等到什么时候，到哪里才能找到他？肯定没机会！要抓住当下机会，先把势造出来。

第 69 招

多分享，多制造内容

内容就是你的作品。作品越多，成名越快。

微商是一个无中生有的商业模式，因此我们要懂得制造内容，并积极分享。

点开微商的朋友圈，发现勤劳的微商都是天天更新，并且一天至少发 10 条朋友圈，而且其中 8 条都是和产品相关的。

有些人就说："你们这些微商烦不烦啊，老是刷屏，污染我的朋友圈。"但是，微商不打广告别人怎么知道你在卖产品呢？

微商是内容为王，造势更是内容为王。

内容就是你的作品。作品越多，成名越快。你要思考一下你的内容是什么。玩快手、玩直播的人很容易出名，是因为他们会制造内容。

刷屏太多遭人嫌，然后被屏蔽怎么办？那就多分享自己的日常生活，多晒客户见证。

要拔高自己，不光是卖产品，还要知道产品的专业知识。让人看到你的朋友圈里不仅有产品介绍，还有相应的专业知识，这样别人就会认为你是一个很专业的人，买你的产品准没错。

所以你要多看书，多学习，多了解自己产品的来龙去脉。

你还可以写感谢信。谢谢你老大，谢谢你的品牌，写写加入微商前是什么样子，做微商后是什么样子，然后 @ 他。你感慨越多，你老大越觉得你是个可塑之才。那么，你赚钱的机会也越多。

第 70 招

主动提供素材给对方

积极的人解决问题，消极的人被问题解决。

做微商，需要积极主动。你是一个凡事都积极主动的人吗？

微商造势就要学会主动提供素材给对方，这里指的是提前把对方发朋友圈的素材准备好。如果你不提前把素材准备好，人家怎么愿意帮你发朋友圈呢？怎么帮你造势呢？

A 是在微信上卖内衣的宝妈微商。她有一个宝妈群，经常活跃在群内，因此很多人都知道她。她陆续加了群里很多好友，发现有些好友住的地方离她家比较近，于是她就邀请了这些人来家里试内衣。如果她们满意甚至想要购买，就给她们一个优惠价。

群友看到她的服务如此周到，内衣穿起来很舒服，又给她们这么优惠的价格，回去后纷纷发朋友圈帮她介绍生意。A 的主动换来了顾客的信任，建立了良性循环。

做微商代理的也要主动。你可以效仿 A 的做法，邀请别人试用产品，最好把发朋友圈的图片、文案都给别人，别人才更好发朋友圈。

或者你可以写感谢信，感慨、评论以及别人对你的看法。然后 @ 你的大佬，或者 @ 你的团队。

这些都是素材，好让别人帮你秀朋友圈。

别人帮你秀得越多，传播得就越快，势越造得好。

第 71 招

学会拍照

拍照最大的秘密，是把自己当主角。

做微商，拍照片有些秘密你需要知道：

1. 距离决定亲密度。我们在拍照的时候一定要靠近彼此，说明我们的关系是亲密的。

2. 手势、姿势要同步。说明这是你们俩商量好后才拍的，这样才能显示出你们亲密友好的关系。

3. 拍照的时候要把自己当主角，把自己当大咖，比如你可以跑到人群最前面拍照。

4. 获奖了要记得拿着奖牌拍张照，而不是放在家里藏着掖着，有料要大胆晒出来。

5. 在拍到的图片上写上文字能起到画龙点睛的作用。

6. 45° 角显脸小。

你们看这张照片，肖森舟和功夫明星托尼·贾勾肩搭背，笑容满满，别人一看就觉得他们的关系很好。

第 72 招

勾肩搭背还要眼神一致

合影时的小动作，透露出你和这个人的关系。

两个陌生人拍照一定要保持一定距离的，靠太近会觉得很尴尬，很没有安全感。而两个相识很久的人，拍照姿势一定靠得很近，看起来很亲密。

情侣接吻的时候，男人把女人的脸捧在手心里，像是怕会化了一样。这个动作不用预先商量，近乎属于男人的本能。

热门韩剧《来自星星的你》中，千颂伊在公寓里见刘世美的时候总会带着精致的妆容，举止优雅。这给人透露出的信息是她们是竞争对手，自己不能输！

而见朋友的时候就穿睡衣，蓬头垢面，不修边幅，因为她信任她的朋友。

从这些人物的动作就可以轻松看出两个人的关系。所以拍照的时候一定要勾肩搭背，这样才显得亲密，表示与对方是好朋友。

除此之外，表情、动作、眼神都要一样。

比如下面这两张照片。左边这张照片，肖森舟和马云的眼神不在同一个方向，就算勾肩搭背了也没用，拍的照片意义不大；右边这张靠得很近，眼神也在同一个方向，这样的照片看起来就很正式，两人的关系看起来也很亲密。

第 73 招

把别人拍好看

不要太在乎自己的形象，把别人拍好看，他们才会更愿意发朋友圈。

我们在外面参加活动，主办方通常会请专业摄影师来帮我们拍照。摄影师要拍照的时候，你要提前把 POSE 摆好。否则，拍出的照片就差强人意。

拍照中最重要的是什么？用普通相机自拍，而不要用美颜相机拍。活动上哪有那么多时间、那么多机会让你慢慢打开软件、慢慢调滤镜？

假如你今天去见一个名人，摄像机不在怎么办？你叫谁帮你拍照呢？

所以要学会自拍。

自拍的要素是什么？45°角。

但你发现了吗，你怎么拍都脸大，拍完回家不想发朋友圈。所以可以试着说："老师，您手比较长，能不能您拿着来拍照？"

如果你说不出这样的话，那你就要学会自黑。不管自己丑不丑，把大咖拍美了，大咖回去看你的朋友圈发现你把自己拍得这么美，会不会转发你的朋友圈？当然有可能。

另外，拍照前应该先把摄像头擦干净。不干净的摄像头不管怎么拍照，拍出来的照片都是不好看的。

你跟网红的区别就是网红拍照前都会擦擦摄像头。照片清晰，回去怎么P图都好看。你的图本身拍得很模糊，回去怎么P图呢？

第 74 招

多积累素材

拍照时要连拍，多拍。积累多一些素材，你才可以每天都有东西发朋友圈。

平时微商大多发布的内容是这些：产品宣传图片、实物照片、微信对话截图、快递订单、活动照片……

你会发现，他们发的所有的朋友圈都离不开照片。

微商是以素材为王的，我们平时就要多积累素材，没有照片直接发文案很难吸引到别人。因此我们拍照的时候，一定要多拍。照片多了，可以发的朋友圈就多了。

拍照的时候要一个动作多个角度拍，而且要用连拍。拍十几二十张，回去后你会发现有很多很模糊的照片，但总能挑出一张好看的照片。有些人总是很吝啬，拍照片只是随手拍个一两张，回家后发现照片不好看，也 P 不好，就不想发了。如果这样，那这些照片不就等于白拍了吗?

记住，下次和别人合影时要拍 3 张以上的照片，回去再美颜。这样你才有素材发朋友圈。

同时要多拍，不仅仅是拍人，还要拍高大上的布置，拍现场的人头，显示活动举办非常成功。

自己平时多积累一些素材，你才可以每天都有东西发朋友圈。

第 75 招

把照片拼成九宫格

把你认识的所有名人的照片做成九宫格，这样的照片放到朋友圈就容易借到势。

最快速的方法，就是把你认识的所有名人的照片做成九宫格，这样的照片放到朋友圈就容易借到势。

很多微商喜欢把人家的百度百科、百度资料与合照拼在一起，这样做也是可以的。因为可能会有人不知道和你合影的是谁，你一把百度百科的资料放在照片上，就方便了别人认识这个明星。

每一个微商，都曾不那么喜欢微商，最后自己却成了微商。大多数人把这种现象称为“趋势”，但这实际上是对新事物接受能力的一种表现。

新事物代表未知，而未知的领域可能会遍地开花。

其实微商就是以价值观连接为核心，以大批发 + 小零售为主要流通模式，以移动互联网为主要推广手段的商业化社群。

比如肖森舟把他和乐嘉的合影与活动拼在一起，这又是一个新的造势点。然而多数人不会这样做，就错失了造势的机会，非常可惜。

第 76 招

在图片上加文字

图片加上文字比单纯的图片信息量大，也更醒目，方便别人去理解你所发的朋友圈的意思。

微商造势中的大忌就是玩心灵感应。

有些微商的做法让人很不解。他们发朋友圈的时候往往只有一张或几张照片，也不配上文案，根本不知道他们想表达什么。

所以看到他们的朋友圈的时候，很多人的做法往往是用手指向上拉，直接略过。

可有可无、让人直接略过的朋友圈从造势上来说是最低效的。

微商打广告，不仅要让人看见，还要让人一看就懂。要让人的目光在你的朋友圈停留。

如何让人一看就懂?

答案就是发朋友圈的时候，要在图片上加上文字，或者配上你的文案。

我们是要通过照片来讲照片背后的故事，而不是发了图片就了事了。

让别人相信你不是一个普通人，而是一个值得信任的人，你就要往自己的脸上贴金。

下面是纯图片与图片加文字的对比图。

第 77 招

背后有人才是大咖

一张照片，里面有一堆人，站在最前面、最中间的往往是大咖。

明星合影时很讲究站位。中间的位置通常被称为 C 位，只有大咖或者主办方领导才有资格站。

前一阵子，一场首映派对，大批明星纷纷到场，最后拍合照时，杨幂以一个巧妙的站姿，强行入列 C 位。照片一出，引来网友一片质疑。因为当天合影的还有章子怡、周迅、陈坤等影帝、影后级别的人物。

虽然明星站位是由摄影师来指挥的，杨幂被质疑得有些冤。但从这件事来看，站哪里真的很重要。

微商拍照时通常喜欢拍一群人，这是一种广告效应，也是一种造势。目的是获得更多的认可，让别人觉得这个团队有人，规模很大。规模大的团队一定有它的魅力，所以如果你想做微商就找我们。

而通常站在一堆人最前面、最中间位置的人一定是老大，一定是大咖。那个位置让他们最显眼，显示自己的地位最重要，与后面的代理与众不同。

我们在朋友圈看到有些大咖发的照片经常是这样的。老大站在最前面中间，几百人站在老大的后面，这种照片别人一看就会说："牛！这才是大咖！"

你自己都是大咖了，这么多人都跟着你做，那别人肯定就信任你了。

所以拍照的时候，背后要有一堆人，自己跑到中间当主角，证明你是大咖。

第 78 招

一群人合照才有力量

> 晒合影的意义在于，告诉别人你有一个很棒的团队，想成就自己就加入 。

单枪匹马很难成功。这句话放在拍照中也一样合适。

一个人说话没有影响力，别人一看你的朋友圈，只有你自己在工作，没有团队在运营，就很难想加入你。

一群人合影，说话就有了影响力，因为众人拾柴火焰高。

你在朋友圈经常晒你自己的团队，晒和你一起共事的人。别人看到你们是一个团队，这个团队又乐观、勤奋，就会觉得选你们比较靠谱。

第 79 招

统一才有气势

> 统一才有气势，同时也可以轻松打造眼球经济。

2008 年，北京奥运会开幕式，举世瞩目，无论是国内媒体还是外媒纷纷对北京开幕式给予了非常积极的评价。纷纷报道这次开幕式场面盛大壮观、气势磅礴、精彩绝伦。

为什么会给大家这么振奋人心的感觉？答案是人多。

大概 1.5 万人参与其中啊！多么庞大的数字！表演人员多，工作人员多，观众也多，座无虚席！

这要换做是在别的国家，就不一定能有这么高的水准了。

人多是一个很重要的因素，还有一个重要因素就是表演的时候表演人员相同的动作、相同的口号，让观众在视觉和听觉上受到了强烈的冲击。同时以这种方式向其他国家展示我们国家很强大、很团结。

我们在工作中也喜欢搞统一，喊相同的口号。这样做不仅告诉别人我们很厉害，还自我暗示自己的确很厉害。

这也是微商喜欢喊口号的原因。微商，一开始被社会主流看不起。微商们喊口号也是为了给自己打一支强心针，告诉自己不要理会他人的想法，告诉自己坚持的一定是正确的。

因此，我们要制定一个口号，统一喊口号。

做口号、动作时一定要连贯。不连贯的话看起来就像没有默契，没有默契的团队吸引不来人加入。

第 80 招

海报要突出创始人

要把自己变成主角，把别人变成配角。

海报，是为了宣传活动，海报的站位与拍照站位的考虑是一样的。最重要的人应该在海报最前面、最中间的。

因此如果我们也做张海报，一定把创始人放在前面，来显示创始人的重要地位。

多数情况下，海报都只放创始人。如果海报的位置足够的话，那应该要把最核心的大代理也放进海报里，那这种造势更受人欢迎，这张海报刷朋友圈的机会肯定更高。

做完海报后，要在朋友圈里晒。满屏都是海报，代理会更喜欢。同步刷海报造势更强烈，告诉别人我们准备要做活动，还请来了很多明星。

这样造势让更多人知道这次活动，同时也让别人知道你所在的平台是很厉害。

像下图这种海报，全明星阵容，但没有突出创始人，非常可惜。别人看完这个海报都不知道是你们平台做的，等于帮他人做了嫁衣裳。

正确的海报应该把创始人和重要大咖放在最前面，后面全是明星，形成众星拱月之势。

别人一看就知道是你们平台举办的活动，才能显示你的平台很有钱，有厉害。

如果你们没有举办过这么厉害的活动怎么办？

很简单，可以利用 APP。

比如微商水印相机，下载定制一个属于自己的海报，用自己的头像和海报做拼图。

第 81 招

大图营销

微商造势中，想要吸引眼球最简单的做法就是放大、突出。

一般微商的做法是一次性发 3 张图或 9 张图，然后加上文案发朋友圈。

这样的做法有两个缺点：一是当别人打开你的相册的时候，会看不到重点。二是朋友圈里小图看起来会让人视觉疲劳。

要想别人知道你是做什么的，你的朋友圈一定要突出重点，把相册变成九宫格大图，也就是我们说的大图营销。

步骤是先发一张图片，然后单独发第 2 张，第 3 张……然后再单独发一条文案朋友圈。一般发 3 张、6 张、9 张、12 张都可以，然后再单独发一条文案。

这样做，你朋友圈相册的图片就不会缩略。这是让你朋友圈能最直观地被客户了解的方法。

注意：发的图片一定要是 3 的倍数。

比较下面两张图，左边图片的朋友圈，五宫格少了一张图，看起来让人非常不舒服。而右边这张图就是 3 的倍数，15 张图片，再加上文案：

春节快到了，可以传播一回明星祝福，让明星录一段对品牌的祝福，外加新年快乐。别人会认为品牌很牛靠谱，明星都在用才是真的好。

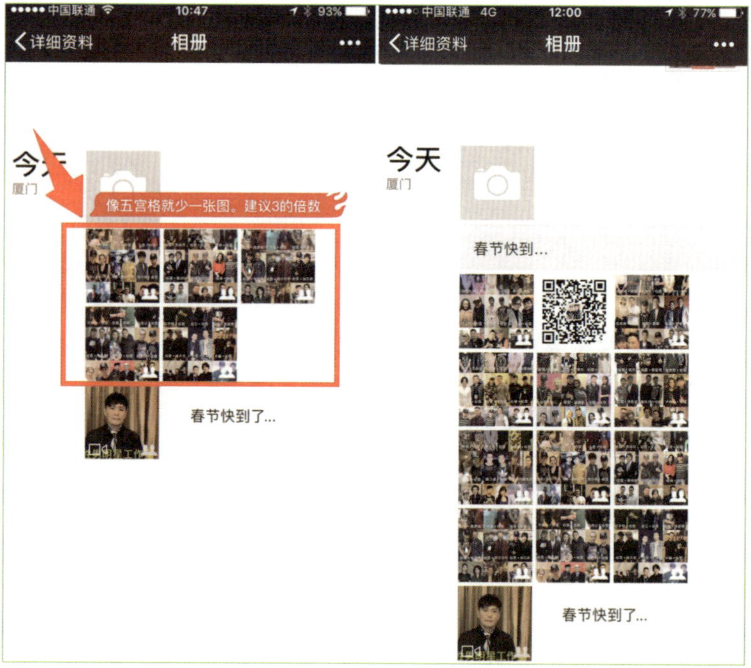

让明星来祝你新年快乐，提升品牌的议价能力和信任度。

品牌祝福 + 新年快乐，以后这种祝福视频一条可以剪成两条来用。花一次钱得到两次以上的传播效果，而且以后每年都可以拿来用。

核心徒弟秦胜男制片人、团队可以帮忙录制明星祝福 VCR。明星祝福也代表了品牌实力。以后可以每年用。推荐找她的团队。

这样，朋友圈的大图营销就完成了。

比这个方法稍微低级一些的是单图加文案，之所以稍微低级别是因为微信朋友圈相册打开后，多张图片会缩略成小图。客户看相片还需要点开缩略图，非常麻烦。

而先发图再发文案的好处就是，当有人打开你的朋友圈，他就能快速看到重点，并且让你的朋友圈质量看起来特别高，特别容易造势。

当然，如果能够直接在图片上面加上小文案，比如你和明星的合影照上面 P 上文字，我和 ×× 明星合影。再用上面教的方法突出重点，造势效果会更好。

第 82 招

用高品位的素材刷屏

赏心悦目的东西，没有人会拒绝。

做微商，难免要刷屏。因为刷屏才有机会让更多人看到你，注意你。

朋友圈刷屏，最好用高品位的素材。

什么是高品位的素材？我们观察朋友圈就可以知道，容易引人关注、转发的朋友圈内容有这些特点：

1. 漂亮的图片

人们都是视觉动物，越是好看的图，越容易引起人们的关注。

2. 延伸自身优点

比如肖森舟营销能力很厉害，很会赚钱。如果他在朋友圈晒自己读书的照片，那别人就会认为他既能赚钱，还勤奋好学。

3. 能引起人共鸣的文案

如果你的文采好，又能击中大众的痛点。别人一看，跟随着你文案的内容哭哭笑笑。那不仅能得到别人的点赞，还能让他们自动帮你转发。

4. 自己美好的经历

分享自己生活中的美好。美好的事物，没有人会拒绝。

5. 利他

当我们在朋友圈看到对自身或者对朋友有益的信息时，我们就会自动转发。如果你能打造出来利他的文案，别人就会自主转发。

上面说的这些都是属于高品位的素材。

高品位的素材显得你个人品位优雅，比一般的微商更清新脱俗。同时又显示你们的平台很高大上，吸引更多代理加入。

你可以发一些高大上的年会，优雅的餐厅、明星合影等……

这种素材刷屏不会遭人厌烦，并且还能引诱朋友给你点赞。

像下图这样的素材，让人看起来赏心悦目，品位满满，就不会遭人排斥。

第 83 招

随时随地拍视频

有趣的视频，会吸引粉丝自动转发，形成病毒式传播。

你没有发现，以前大家出去吃饭，开动之前要先拍照晒朋友圈；现在流行的已经不只是简单的拍照了，而是要环绕一圈录个视频，再晒出来。

这就是趋势。凡是流行的，就是营销、造势需要关注的。

最近几年，今日头条、腾讯、阿里、百度都在入局短视频，也充分说明视频营销的重要性。

对微商人来说，视频比照片更有现场感，更有可信度，因而成为吸引粉丝、促进销售和转化代理的重要手段。

特别是一些有趣的视频，会吸引粉丝自动转发，形成病毒式传播，更有效地裂变。

微商人要习惯用视频，而不只是用文字和照片来造势。

聚会时拍个短视频，发到朋友圈；

新品发布时，请大咖拍短视频推荐；

大量粉丝添加时，用短视频展示；

发货时拍个短视频，发给代理和粉丝……

这些都是常见的短视频营销方式。

我们先认识拍视频的工具，你可以在应用商城下载适合自己的视频工具。

比如天天向商 App，可以在拼图上添加视频，还能制作属于自己的海报视频。这个软件操作简单，模板也多，轻松制作各种短视频。

拍见证视频的时候要有全景，全景拍摄的东西更多，暗示别人你就在现场，分享现场的东西给大家。

还要有互动，与视频中拍摄到的人物进行互动。造势不能光造别人，也要懂得造自己。

拍视频的技巧同样适用于视频直播。

第 84 招

注重仪式感

有仪式感的赠品更有利于扩大传播，用仪式感来显示你是个大咖。

仪式感是什么?

《小王子》书中是这么解释的:“仪式感就是使某一天与其他日子不同，使某一时刻与其他时刻不同。”

在历史的影响下，中国人也特别注重仪式感。我们喜欢过年的时候放鞭炮、看春晚、讨红包、穿新衣；我们喜欢在重阳节的时候登高，缅怀先人；我们喜欢在中秋节的时候聚在一起，吃月饼、赏月、玩灯笼……我们在节日时做这些事情，就是仪式感。

我们需要仪式感把重要的日子和日常生活分开，把重要的人与普通人区分开。

因此，大家都爱仪式感。

而我们做微商的，在造势中该如何凸显仪式感呢？

我们可以在送礼物之后再送给对方一张签名照。这张签名照最好是你和名人的合影，或是最能显示你价值的签名照。如果在签名照上写上对方名字，赠上一段话，那这张照片就充满了仪式感。因为照片签名之后就成为孤本了。

对方收到这样的礼物，分享到朋友圈，朋友圈就会立马沸腾。

这样有仪式感的赠品更有利于传播。

我们常看到大咖喜欢在朋友圈晒在签名墙拍照的照片。为什么？因为只有大咖才有资格在签名墙上签字。

在签名墙上签字，然后把签名的过程拍下来，显示你是大咖，这也是仪式感。

同理，台签，也就是名字牌，也是仪式感。把它们拍下来，然后晒到朋友圈，就造势成功了。

签约仪式也可以拿来造势。

我们可以像品蔓国际一样，用红色背景墙，图片上写品牌方的名字：品蔓·法丽娜·黄金搭档战略合作签约仪式圆满成功。

还有开会的台签、站在签名墙前签名的照片、与明星合影的照片……这些都是有仪式感的东西。

第 85 招

开会要坐前排

> 大咖才会坐前排。

像拍照站位一样，开会也一定要坐前排。为什么？

1. 靠主席台最近

让前面一个人都没有，这样就可以清晰地拍到舞台。照片出来后，就显示我们很重要，是坐第一排的大咖。

2. 坐前排的才是大咖

所有的会议、表演，通常坐前排的都是领导、嘉宾等重要人物。

3. 与后排的人拉开差距

普通人认为大咖都是高冷的，这是为什么？因为距离产生美。你坐在最前排，别人一看就以为你是大咖，瞬间觉得你的身份更加高大上。

4. 打造仪式感

大咖需要仪式感来显示自己与众不同，仪式感也会让普通人对大咖产生敬畏感。

如果你坐后排，一拍照，前面都是人头。那别人肯定不相信你是嘉宾。所以开会一定要往前排坐。重要的贵宾才有机会坐第一排。

只有让别人觉得你是大咖，别人才愿意找你合作，你才能吸引别人加入你的团队。

可以的话，还要在前排的桌面上放一个台签。来到现场的嘉宾，看到有自己的台签都会高兴，这样做仪式感更足。比如我们开大会的时候，领导都坐第一排，有了台签，才能区分身份。

像下图这样坐后排拍照，前面人头黑压压的一片，一看你就不是大咖。

第86招

要么不做，要么做第一

人们常常对第一次情有独钟，比如自己的初恋，第一次接吻，第一任老师，第一次得奖等。

动物界中，有一个很有趣的现象。破壳而出的小鹅会本能地跟在第一眼看到的动物身后，即使它第一眼看到的不是自己的母亲，一旦它对某个物体产生了追随反应，它就不会对其他动物产生类似行为了。

我们人类也有类似于印随效应的反应。

运动比赛中，我们往往都只记得冠军。冠军一下来，记者就会蜂拥而上，而亚军和季军只能被很少人记住。

你见过左手戴手表的人，也见过右手戴手表的人。但是你见过有双手都戴着手表的人吗?

肖森舟就是国内双手戴手表的第一人。现在一提“双表哥”，人们就想到了他的名字——肖森舟。别人总想起他，他就有更多的机会。

因此，要么不做，要么做第一。想想自己身上的特点，或者制造一个与众不同的点，然后为这个点造势，宣传。

这样做，别人才会记住你，你才会有更多的机会。

第 87 招

给自己排名

大众永远会相信排行榜。

给自己排名是一个很厉害的招式。一般来说，排行榜无论真假都比较引人关注，甚至有人很愿意相信这个排行榜。

娱乐圈每年都会有世界前100名美女排名，每一年排行榜出来的时候，大家都津津乐道。但实际上，这个排行榜是真是假，是谁弄的，没人知道。但是这个排行榜成了大家茶余饭后的一个谈资。

每个人都知道学厨艺就去新东方，学挖掘机就去蓝翔。这是为什么？是因为它们的广告文案做排名的结果。

“挖掘技术哪家强，中国山东找蓝翔”，透露他们学校的挖掘技术最强，是业内第一。当初写这个广告的时候他们究竟是不是第一，谁都不知道。

但他们的广告打出来后，大家都相信了，有些人想去学挖掘机技术就去蓝翔读书，那蓝翔自然越做越好了。

以上两个例子告诉我们，要懂得给自己排名。

第 88 招

用数字来造势

数字会给人严谨、可信的感觉。

我们日常生活买东西，如何判断这家店卖的东西是否正宗？

看人头就知道了。你不懂，但总有人懂。跟着大多数人的选择，肯定错不了。

人在不知道如何做选择的时候，往往会选择跟大多数人站在一起。

而作为微商，如何让别人知道你很努力，你的产品很好用？答案是用数字造势。

用数字造势，用数字来见证你的成长。数字是非常直观的东西，让人一看就懂，一看就知道你正在做的事情的进度或者已经取得的成就。

这里推荐个 APP，名字叫作“航里纵横”。用这个 APP 就可以显示你去了哪里，并可通过海报大片、图片把它展示出来。然后你把这些图片分享到朋友圈，让别人看到你为成功做的努力。

除此之外，微商还可以晒自己的营业额，用自己的营业额数字造势。

或者晒你的快递单，海量的快递单号意在暗示别人你的产品有多畅销。已经这么多人选择我们了，你还不来？

还可以晒你的朋友圈好友，群人数……告诉大家这是真实可靠的，不是假的。

总之，一切可以用来造势的数字都利用起来。让数字为我们的努力、为我们的成功做见证。

第 89 招

要做地推

线上线下结合，造势成功更快。

虽说微商是在网络上的社交平台上操作的，大家做代理的遍布全国各地，也没有那么多机会可以见面。但做地推，还是很重要的。

地推就是地面推广的意思。地推，是需要人力现场去做的。

人们对地推的理解就是去发传单、叫人扫二维码关注公众号、跑跑腿这类的。这么理解其实也没错。

微商地推就是为了谈合作，飞去各地参加活动、推广自己。

微商做地推第一是为了让别人看到我们。你不做地推，仅仅存在网络上，别人会以为你是个机器人，无法对你产生信任感。

第二是为了让合作方感受到更多的诚意。别人邀请你去参加活动，你说我不想去，你把图发给我，我发个朋友圈假装在现场就好。你这样做就会给合作方一种不靠谱、甚至不尊重他们的感觉。你要走出去，到现场去，才会让他们觉得你是尊重他们的。

第三是为了寻找更多的机会。微信上一个号 5000 个人，有哪些人是真正值得合作的？光在微信上你能分辨得出来吗？约出来，喝个茶，吃个饭，在聊天过程中寻找合作的机会不是更好吗？

第 90 招

把结果展示给别人看

很多人之所以没有成功，很大一个原因是他从来没有把结果展示给别人看。

低调做人，高调做事。为人低调，是社会交往的法则。高调做事，才是展露自身才华的途径。

比如伯乐相马，马儿也需要走几圈，才能让别人对它刮目相看。如果它和其他普通马一样，只是站着不动，怎么能让伯乐发现这匹马的与众不同呢?

总是低调做事的人很难成功，因为你不主动把结果展示给别人看，别人很可能一辈子都不知道你做了这么件大事。

同时要记住，任何时候要多拍照、多合影，用照片见证你的成长。

第 91 招

身体就是你最好的广告

你的发型、衣服、随身带的包包、手机等都是打造个人IP 的工具。

前文讲过，送给别人的礼物最好印上自己的广告，但其实你的身体才是你最好的广告。

你的发型、衣服、随身带的包包、手机等都是打造个人IP 的工具。

一提起阿宝，你会想到什么？身上披一块羊皮，头上拢一条白羊肚手巾。这是阿宝的经典造型。这种造型把阿宝和其他人区分开来，一眼就知道是他，永远都能记住他。

朱之文的经典造型，是一件大衣，你可能记不住朱之文，但一定会记住大衣哥。

肖森舟之前也是穿西装的，后来发现穿西装的人太多，识别率不高，就改穿花笙记的一款很花的衣服。这款衣服平时穿的人很少，因此肖森舟站在哪里，都容易被人看见。

你要想想你的定位，你的个人特征是什么。

按照你的个人特征来做广告，是很容易让人记住你的。

第 92 招

把握好诉求和痛点

> 学会换位思考，知道别人想要什么。

朋友圈图片刷屏和视频刷屏之所以这么惹人讨厌，是因为没有拿捏好人们的诉求和痛点。你必须要知道你客户的诉求和痛点，别人才愿意去关注你，你才能抓住别人的眼球。

人们取快递时不想走那么远拿快递是痛点，快递提供上门服务就是消除痛点；去吃东西不想排队是痛点，手机扫二维码线上点餐送到桌上是消除痛点；手机程序占用手机内存是痛点，小程序的开发就是消除痛点。

因此，多研究你客户的喜好以及痛点。

你可以多看看心理书，或者多与你的客户朋友聊聊天，这样就能知道他们的诉求和痛点。这样，你在销售货品时，戳中客户痛点配上你的产品特色，一定能吸引不少人。

第 93 招

塑造真实感

用更多的事实、更高的频率来证明自己，塑造成功的形象。

微商喜欢在朋友圈里晒自己的豪车，结果 4S 店却搞了一个合影一次 200 元钱的规定，这其实是中伤微商人的做法。

怎样塑造真实感呢?

肖森舟的太太买了辆 200 万的车，他就天天开这部车出去买菜、接小孩、接送客户，这不就真实了吗?

同样的道理，你去拍照，不要只拍一次，而是要拍多点，天天发。

别人怀疑你没有能力，你就用更多的成就去证明自己的能力；

别人怀疑你没有人脉，你就用更多的名人合影来证明自己的人脉；

别人怀疑你没有钱，你就用更高的生活品质来证明自己有钱。

用更多的事实以更高的频率来证明自己，塑造成功的形象。只有这样才能吸引到更多人追随你，才能招到更多的代理。

第 94 招

有效的方法重复用

> 找出有效的方法，反复去用。不断地重复展示，价值就被无限扩大化。

有了有效的方法，不要只用一次，而是要重复用。

肖森舟为什么总是要提马云？因为这个方法亲测有效，而且非常有效。

既然有效，就要反复去用。

马云搞了个《攻守道》，肖森舟这个被马云接见 3 次的人，就可以借这个热度，晒出跟马云的合影，回忆跟马云的交往，就能再蹭一波热度，让更多的人知道他。

成功造势很简单，找出有效的方法，反复去用。

你之前和一些名人合过影，后来又和新的名人合了影，那你完全可以把新的合影与之前的合影放在一起，再传播一次。

合影拍完后不应该只是在家里放着，而是需要不断展示出来，把它的价值实现最大化。这样别人不断地看到你和名人的合影，对你的信任就会像滚雪球一样，越滚越大。

把合影不断重复放出来，告诉别人你曾经跟这个名人在一起过，这是你的好朋友。

不断的重复展示，价值就被无限扩大化。

第 95 招

场内造势，场外传播

> 做活动不重要，传播才重要。

很多人只会场内造势，但不会场外传播，这等于是造完势也没人知道，那就很可惜了。

造势分场内造势和场外造势。

场内造势比如在年会、内训课上喊口号、呐喊助威。

场外造势就是朋友圈、社交圈的发布信息。

在场内造势完后要在场外传播，比如把合照、视频上传到社交圈上，让别人看到。

最好是代理们一起转发朋友圈，一起宣传活动，这样别人被朋友圈吸引就是你的造势。

这种同步的节奏，其实是给别人一种渲染、一种暗示。

无论他对你的活动感不感兴趣，都会关注到你这次的造势。

同时，还给了别人谈资，进一步让他人对你、对你的造势有印象。

因此，平时要多积累照片和素材。积累素材方便传播，而且一定要以图片 + 文字或视频的方式发布在朋友圈。

第 96 招

利用易拉宝

举办活动的时候，利用展示架就容易把势造出来。

易拉宝又称海报架、展示架，是场内竖立式的宣传海报，主要是在活动现场用来展示活动内容。

为什么微商举办活动要放易拉宝？

1. 可以展示品牌

齐刷刷的易拉宝上面写着品牌名称，别人路过就很容易看到你们在搞活动，来参加活动的人也容易找到活动场地。

2. 群体造势

很多易拉宝整齐地排放起来，容易吸引眼球，造足了势。

3. 方便做拍照背景

拍照不会特别干，有氛围。代理们可以当背景墙使用，拍出的照片特别好看，同时还展示了品牌调性。

除了易拉宝外，宣传海报、宣传册子等都是可以利用起来的。

像峰尚的易拉宝，把品牌名字写上，别人一看就知道是他们在搞活动。齐刷刷的一片显得特别整齐，粉色显得小清新。这样照片一发上朋友圈，品牌的调性就出来了。

第97招

品质好不如传播好

微商产品，好品质只是基本要求，能传播是必备而稀缺的素质。

做生意中造势很重要，但最重要的还是你的品质。

“营造对自己有利的误解”一节提到过张卫健的例子。

按大多数人的说法，他的做法是骗人的吗？当然不是！如果张卫健没有唱歌的实力，就算签约发行了也会没人买他的唱片。

有的人认为微商造势就是骗人。是因为有些人做微商，他们的产品品质就是不好的。

做微商的，卖出去的产品，别人体验不好，那无论他的造势多成功，他依然是骗子。

但如果本身产品是好的，那造势就是加速成功的一种手段。

现在做微商，品质很重要。无论是你的人品、你的产品，还是你的套路。要把自己打造出来，打造出来之后，无论做什么事情都是越来越容易的。

但是这一切都要以传播为出发点。光品质好没用，要别人知道你品质好才有用，要把影响力扩大。

而且微商很需要视觉冲击感，因为这样可以快速拉伸自己的品牌调式和格局。

做产品时，可以让大家预先投票，参与前期策划，让人在不知不觉中认同你。

第 98 招

借助工具

工欲利其事，必先利其器。

工具可以让你工作的效率更高、成本更低。

巧妙借助工具，可以让造势更方便，传播速度更快。

推荐一些微商常见工具：天天向商、讯飞输入法、美图秀秀、小Q画笔……

特别推荐微商水印相机。

微商，是需要大量图片作为素材的。因此，我们需要一款专属微商的相片处理软件。微商水印相机真的非常好用。

它里面有很多图片、视频模板。你只需要按照这个模板制作海报，就能轻松打造高品位的朋友圈。

它有很多朋友圈文案视频素材，这些你都可以直接拿来作为自己的发圈内容。

你可以共享你的图库，让你的团队轻松地转发素材。

你还可以 DIY 画布。软件里的批量水印、圈框凸显、马赛克贴纸等让你的图片更有原创性，更有特色，更易抓住别人的眼球。

第 99 招

开创行业先河

做别人没做过的事，更容易让人记住你。

前文提过要么不做，要做就做第一。开创行业先河，其实也是在做第一。

比如说在微商这个圈子里，没有人写过歌。那去找人给你写歌，自己唱，自己当 MV 主角。然后把 MV 和歌分享在社交网络上，就很容易引起轰动。

做别人没做过的事，容易让人印象深刻。

肖森舟的徒弟李庆南出了一首歌《最美的时光》，这是秦胜男帮他写的。你不懂写歌，没关系，你可以叫别人帮

你写。从写歌到谱曲到完成，上传到QQ音乐等众多音乐网站。这样也能造到势。

2015年，肖森舟主演的网络大电影《我的微商女友》，在北京举行了盛大的新闻发布会，是首部斥巨资拍摄的关于微商人的网络大电影，更是一部微商人的献礼大片。现在在优酷、搜狐、爱奇艺等网络视频平台还能搜到。

这部微商人自己的电影一出来就轰动了微商界，更鼓舞了微商人的信心。肖森舟的代理们看到是他主演的电影，纷纷带着骄傲的心情帮他转发，这就是一次很成功的造势。

肖森舟还请人做了一套微信表情包，他的特征全都体现在这个动画人物上。他的代理们或者粉丝们都可以用这个表情包帮他做宣传。

第 100 招

向高人学习

你所遇到的 99% 以上的问题，都已经有人解决过了。

李鲆发过一条被人疯转的微博：

你要相信一点，你所遇到的 99% 以上的问题，都已经有人解决过了。你要做的就是，找到他们，向他们学习，而非自己苦思冥想，不断尝试，那样付出的时间和精力成本太高了。

不会做事没有关系，学习和借鉴别人就对了。

找几个特别会做事、特别会造势的人，把他们列为星标好友，经常看他们的朋友圈，看看他们是怎么做事的，马上去模仿，去学习。

如果条件允许，付费去学习。

轻氧创始人王艺锦，也是肖森舟最出色的学生之一，对朋友圈造势有很深的理解，她说微商造势中，不能一下子发一大堆图片，或者一大堆视频，这是最没有营养、最没有吸引力的。

最好的朋友圈，需要有排版、有气势、有营养和走心。

说得很到位，马上关注她，多看看她的朋友圈是怎么打造的。

不懂得如何发朋友圈吸引眼球没关系，总有比你厉害的人在做这件事。

我们可以去看看谁的朋友圈写得好，谁能吸引你的眼球停留，那么同样你也能吸引到跟你同频的人。

你可以把这些好的朋友圈拿过来借鉴一下，模仿她发朋友圈。

《微商造势 108 招》中，一定有一招你是可以学习和借鉴的。只有学习借鉴，我们才能快速地爆发和成长。

第101招

懂得借场

自己没有就去借。

自己没有举办活动的时候，就去借场。参加会议也是展示自己品牌高度之一。

通常微商会在朋友圈这样写文案：

你问为什么莫小在可以参会？

我们年销售额 3 个亿。

我们提供平台帮助 2 万人就业。

我们解决了 1000 万人解决了皮肤问题。

我们始终牢记使命，让与我们合作的人与接受我们服务的人越来越幸福。

这就是莫小在能参会的原因！

观察这段文案，你会发现，微商通过参加会议，展示自己品牌的光辉事迹，告诉大家选择这个平台是对的。

借着参加会议，给自己和品牌添加光环。

除了参加会议外，我们还可以参加各种活动，借别人的场造自己的势。

这样做不仅省了成本，还让自己的素材更多。

第 102 招

拍一套专业大片吧！

拍一套专业大片，胜过招 100 个代理。

美国有一家叫 Magic Leap 的公司，坚持不懈地发布 MR 技术（混合现实技术）的概念视频，不断在为其产品造势，短短两年获得了大量的曝光和关注，迅速成为“最贵概念公司”，获得了近 14 亿美元的融资。

在自己拍摄小视频的同时，已经有越来越多的微商意识到专业的力量，开始找专业团队拍摄宣传大片。

这也就是易歌影视传媒为什么突然红遍微商的原因。

易歌开启了由广告视频到营销视频的革命，由画面视频到效果视频的革命，凭借对微商行业的深彻了解，战略性视频营销持续优化升级，以“内容至上”“快即王道”“品质立本”全新布局，2013 年成功帮助傲澜集团切入微商市场，旗下新兴的 B365 酵素品牌仅用 3 个月，销售额翻了 3~4 倍，快速在微商领域占据一席之位；2016 年，成功助力蜗蜗集团达成十几亿业绩目标，与蜗蜗达成长期的战略合作；2017 年成功协助玺和赢集团旗下“本美”品牌开发近 10 万潜在客户……

易歌创始人吴江波说，很多微商小白其实是不会卖货的，那么拍一套产品大片，就可以把营销点固定下来，既防止在传播的过程中流失营销点，也防止出现过度营销。

一套好的专业视频，包括个人形象宣传片、品牌概念片、品牌销售片等。以大片的标准拍个人形象片，营造成功的个人形象，吸引粉丝关注和追随。品牌概念片、产品使用片等，介绍产品卖点、特色，帮助代理出货。这一套大片，起到了招商、卖货、教育、吸粉的作用，而且一次制作、反复使用、成本极低。

所以，如果你想做得更好，可以去拍一套专业的大片，把它打造成营销的利器。它能快速帮助各大实力品牌，塑造更落地的实力包装，更迅速产品消耗，以及更开拓的吸粉渠道，让品牌商国际品牌化的战略转型，更有章法；让原本 60~70 分的战略品牌效应，获得 95 分的病毒式传播效果。

第103招

高度重视会议营销

> 把一群人聚在一起，可以造成最大的势能。

大部分微商人，都只把微信当成主战场；但实际上，线下的会议，威力是无比巨大的。

微商的组织是很分散的，微商的时间也是碎片化的，你在微信群里做分享，你的代理可能是一边做家务一边收听，你觉得这效果会好吗？

但如果组织一场会议，把大家聚在一起，少则半天，多则两三天时间，大家都在会场上，不做别的，专注地听你分享，这效果是不是完全不一样？

让代理们有机会走红毯、在签名墙上签名、跟大咖合影，是不是更能激发他们的荣耀感，更愿意跟随你？

更不要说会议中还有良好的气氛渲染、产品的精彩讲解、现身说法等各种促销手段，能够激发代理的欲望，帮他们出货，让他们升级了！

2017 年微商的市场潮起潮落，你流失了几个大的团队长？你的团队又有多久没有返单了？你又有多少团队没有裂变和出货了？你的营业额比去年又降低了多少？

但微商行业有一家会销公司，短短时间竟成为中国微商会销第一品牌。

它的名字叫作奇迹营销。

它是怎么做到的？

因为它高度重视线下会议营销。

那么它是怎么把线下会议营销做得这么好的？

首先，它拥有强大的师资力量，有 70 多位会销签单老师；其次，它拥有 7 年线下会销经验。因此它仅仅用了 1 年时间就和 100 多个微商品牌合作成为中国微商会销第一品牌。

一场会议裂变 1000 多个代理，是真的！

2016 年底，签神韦佳言、孔彦在戴普集团创新研发微商会销上，创造了参会人数只有 97 人，但最终裂变人数达到一千多人的好成绩。堪称“流量裂变会”。

2017 年，签神韦佳言在清远膜后公司的微商会销上，参会人数仅有 185 人，但业绩做到了 8 百多万元。堪称“货扫光”。

在明星峰会（招商会）上，千人集体冲上舞台排队刷卡，十多个 POS 机刷爆，微信支付宝全部封顶，最高纪录 5 千人收线 4 亿。

奇迹营销帮微商组织会议，一场会议收入几千万的案例比比皆是！

会议也是生产素材的好时机，除了场内的成交，代理们会分享会议现场内容到自己的朋友圈、微信群，更容易造势成功！

第 104 招

旅游造势

去旅游说明你有钱有闲，对生活有追求。

微商造势当中，旅游肯定是必不可少的环节和节目。

下图是 2018 年丽尔维美港澳万人年会盛典出去旅游的朋友圈刷图，引起了大家的关注。

旅游，要有钱有时间。你出去旅游，说明你过得好。你晒团队去旅游的照片，别人就会很羡慕你在一个很土豪的团队。以后别人想找工作的时候，第一时间就会想到你。这样就造势成功了。

最好就是晒寒假、暑假游。读书时觉得寒假、暑假是一段很普通的时光，上班后大家就会觉得有暑假、寒假是一件多么奢侈的事。

因此，晒你们团队的寒假暑假游会吸引更多人的关注，引起更多人的羡慕。就算人家不转发你的朋友圈，那也可以轻松成为他们饭后的谈资。

比较高品位的是自驾游、高端定制游、亲子游。这种旅游方式说明你是一个对生活有追求的人，别人会更加信任你。

肖森舟的太太也做微商，去台湾旅游一周时间后，她正常接单，正常发朋友圈，业绩比之前在家里面做的时候还好。

除了造势外，团队旅游还可以起到一个稳定军心的作用。如果你的微商团队像盘散沙，代理天天被人挖走，没有凝聚力，这时候更应该去旅游。

请代理们去旅游，重振他们对团队的信心，告诉他们可以重新出发。

旅游回来后，他们还可以有更多高品位的素材去造势。

第105招

全球化造势

当你的品牌达到一定高度的时候，要懂得走出去，冲出国门，走向世界。要全球化造势、借势，把目光放远一些。

以前的微商造势套路多数是豪车、豪宅、国际旅游的大好风景。放在现在其实也是可以的，毕竟可以让大家知道你的财务实力。

但目前高级的玩法是蹭名流政要，全球化造势。

当你的品牌达到一定高度的时候，要懂得走出去，冲出国门，走向世界。

奥巴马退休后，来中国“捞金”。二十几万一张照片，天价，但依然引来不少微商拍照合影。

那些政要退休后在能被蹭的情况下，大家都可以去借他们的势。这些机会很难得，毕竟政要名流就算退休了，也不是你想蹭就能蹭的。如果不是那些名人愿意，你也没机会蹭，更没机会国际化。

有些微博网红在网络上火了之后，也是这么做的。

她们去蹭各种活动，去巴黎时尚周外面拍一些照片，然后发上网络说自己被邀请了。她们引来很多人的关注，粉丝们个个都在下面评论“我家大大太棒了！国际范！”又增了一波粉。就算被发现是假的又如何？别人把她们放上网络进行批评，又制造了话题和热度。

我们做微商的，为什么就不能借鉴这种做法呢？

造势不能只在国内，要全球化造势，借势，把目光放远一些。

第106招

用课程来造势

> 中国自古以来有传统美德“尊师重道”，老师这个身份无论到哪里都受人尊敬。

课程也是造势中很重要的一个环节。很多人加你其实是冲着向你学习去的。

把自己打造成一个老师。中国自古以来有传统美德“尊师重道”，老师这个身份无论到哪里都受人尊敬。

把你擅长的东西做成一个课程，分享给别人。不仅可以让代理们学习到更多知识，还能吸引更多人加入你们。

韩非诗创始人王妙栅的朋友圈可以拿来借鉴一下：

先加入韩菲诗，即可免费领取二月六节公开课。

你要告诉别人你这个课程是讲什么的，他听完后能得到什么，要怎么听这个课。通常来听课的人都可以发展成为你的代理。

中国人的传统观念认为，开课的人肯定是有一定专业程度的。因此，这样做能打造你很专业的形象。无论对你的团队还是对你的产品，都是有好处的。

第107招

给自己出一本书

出书是成功微商的标配，也是微商成功的加速器。

在筹备和宣传《微信营销 108 招》的时候，我们利用自有资源对接各种资源，促成了股东间的多笔合作。很多参与者还通过这本书，认识了很多优秀的人，进入了一个优质的圈子。

出书是成功微商的标配，也是微商成功的加速器：

1. 可以展示自身精彩的形象，广告中的广告。在中国人的传统概念当中，成功的人才能出书。出书可以显示自己大咖的地位。

2. 有粉丝，不愁卖。一般出书最愁的就是销量，而微商大咖出书，就不愁卖。因为出书的微商有一定的粉丝基础。业内人也会把你当作榜样，想从书中窥探你成功的秘诀。

3. 让团队更加崇拜你，稳定军心。你是一个畅销书作者了，别人怎么会不相信你呢?

4. 书可以作为团队培训教材，反复不断地讲。比如把《微信营销 108 招》和《微商造势 108 招》拆开来讲，一天讲三五招，够讲一个多月了。

5. 通过书店渠道销售，可以不断带来新的精准客户。

6. 可以提高你的知名度。因为出书后一定是全国发行的，读者覆盖全国。

7. 时效长，不管过了多久，依然可以发挥你的影响力。其他造势只能影响一阵子，出书造势能影响一辈子。

出书是树立品牌、自我营销、吸引流量的重要手段。所以要把出书当成一个造势点，扩散传播。

李鲆是出版专家，出版过《畅销书浅规则》《畅销书营销浅规则》《软书：精英出版私人定制》等专业出版理论图书，有出书计划的，可以先看看这几本书。

第 108 招

不断升级自己的圈子

你身边的人越高端，就越容易造势成功。

先思考一个问题，如果你要推出一个新品，找 100 个人造势，你是要找小白呢，还是要找大咖呢?

毫无疑问，一定是大咖，对不对?

为什么呢?

因为大咖更有影响力，能带来更多的粉丝。

所以微商造势成功的关键，是不断升级自己的圈子，让自己拥有更高端的人脉。

人以类聚物以群分，你越接近什么样的人，就越会成为什么样的人。

影响一个人的首要因素是境界及思维，和一群有同样格局和思维的人一起前行才是最重要的。

有的人总是习惯在一个圈子里待着，因为他在这个圈子里待得很舒适，在这个圈子里一呼百应。

换圈子可能是一个很痛苦的过程。到了另外一个圈子里，你也许会发现自己什么都不是。

但是，人都应该学会离开自己的舒适圈。不断离开旧的圈子，跳到新的圈子。不断逼迫自己在新的圈子去学习，去成长，才能让自己脱胎换骨。

人生最大的运气不是捡钱也不是中奖，而是有人可以带你走上更高更远的平台。其实限制自己发展的不是智商学历，而是你处的生活圈子、工作圈子。

升级自己的圈子，最直接的方法，就是加入付费群，用付费过滤后的，都是相对高端的人脉。

你可以先从收费比较少的群开始，然后根据自己的情况，加入收费更高的群。

何为好运气？好运气就是机会碰巧遇到了你的努力。

所谓贵人，就是开阔你的眼界，带你走进全新世界的人。所以要寻找自己的贵人，改变自己的运气。

改变圈子才能改变命运，改变只在一瞬间，改变就从当下开始，从造势开始。

微商精英圈

给读者朋友们介绍一个微商精英圈子，他们都是有丰富经验的微商人，希望你能在这个圈子里找到合作伙伴和良师益友。

王九山

微信：876193

王九山，微商实战导师，拥有 8 年互联网实战经验， 10 万社群《万群汇联盟》发起者、微谷中国特聘高级讲师、万人迷微商联合创始人、龙卷风引流学院 . 创始人、香港 . 世界微商控股 . 创始人。

何婧

何婧，泉州市方信财务咨询有限公司、泉州方信知识产权有限公司创始人，公司以“专业、高效、快捷”的服务理念，面向初创期、成长期企业提供财务管理全面服务，三年时间服务近 1000+ 企业。

安道利

微信：cnno001

安道利，曾出版《冲出重围：驾校校长都不知道的管理秘诀》《毁掉你驾校的 100 个管理漏洞》、《三招练就驾校招生冠军》等。现为山东蓝翔驾校、南城驾校校长、驾校筹建查验专家、中国驾校联合会特聘专家、《驾校经营管理》杂志编委。

喻建平

微信：13469085318

喻建平，湖南宁乡人，执业注册医师，从医 30 年，擅长无痛针灸治疼痛，专利中药排结石，曾获国家发明专利及实用新型专利 3 项。业余爱好，研究周易测字测卦。

邓绍波

邓绍波，自称项目哥，2014 年靠自媒体逆袭，立志做中国草根创业在线教育，半年涨 100 万粉丝，月入 30 万元，创办“创业星项目”公众号，影响 100000 人创业致富，推出《草根创富计划：带领 100 人月入 100000 元》项目。

花美丽

微信：huani2009

花美丽，山东花木兰，一位多才多艺、热情善良的全职妈妈，也是 30 天秒创千人团队的领导者，带领自己的团队 100 天做出上级一年的业绩，被大家定义为洗护产业里最赚钱的影后。

彭艳霞

微信：13377793133

彭艳霞，东莞蜜拓蜜商贸有限公司负责人，小儿推拿导师和家庭灸师，是生活在广东东莞的湖南湘潭人，80 后宝妈，目前主营中国灸和衡欣益生菌，倡导不打针、不吃药的绿色医疗，实现线上线下相结合的微商新模式。

张明祥

微信号：z91379

张明祥，著有《生命密码》，北大未名天合新疆服务中心主任，高级健康管理师，十二五中医健康管理工程“圣世自然疗法”课题组研究员，对慢性病和及疑难病症的预防和解决有全新认知。

林铁成

微信：xun3210592

林铁成，朋友称林教头，讲师训练总教头、微信营销导师、铁哥微粉公众号创始人、富二袋培训网创始人、千聊（破亿粉丝）指定导师。9 个课程获国家版权证书，把一生献给了自己喜欢的培训事业，致力于帮助大伙儿成为富二袋（富脑袋、富口袋）。

烟台大樱桃 - 小王

微信：wangxiaocui155756

王晓翠，烟台 90 后姑娘，昵称隔壁小王，从事 SEO 工作八年。2015 年开始，重心转移到自家种植的烟台大樱桃和烟台苹果上，专注为大家提供遵循自然成长无添加的水果。现创立自己的品牌：樱你出彩——樱味有你 自然出彩。

李建华

微信：444977288

李建华，台风口学堂创始人、台风口微商特训营发起人，微商界的“黄埔军校”。创建的《人格品牌营销》，可以让别人 3 秒钟记住你，让目标消费者一有需求就能想到你，加微信送你一套“人格品牌模型”的建立课程。

顾师瑛

微信：gy64294072

顾师瑛，李鲆老师合伙人，目前重在打造有灵魂的朋友圈，自动吸引代理，持续裂变。2018 年目标：协助代理月入过万元 1000 人，月入十万 200 人，月入百万 10 人。

阿信翡翠

微信：1216704475

王培信，人称水哥翡翠，常年战斗在翡翠第一线的翡翠达人。翡翠原石购买，加工批发，一条龙服务。我重在传播翡翠玉石知识，免费翡翠玉石鉴定。买翡翠，找水哥！一手工厂货，不担心真假，不担心买贵！

青青

微信：13379250650

青青，从事专业医疗数十载，师承自唐末宋初明医“房百虎”的法王医术及法王养生秘笈，创建了品牌“中和苑”老中医平台，开发了“中和苑”自有的中医养生产品，成立了“秦岭本草太岁肉灵芝研究与保护基地”，时刻传播中医养生文化，帮助国人改变养生态度，加强国人健康日常养护。

好帅风水师

微信：15868862878

好帅，浙江杭州，奥运会鸟巢环境学设计“黄道”秘书，能为装修公供提供成熟的色彩搭配、科学风水装修商业模式。自我追求：“走运”比“能力强”更重要。

刘医生

我是刘冠麟医生，从事医学临床与教育工作近 20年，壮药产业化工程院院士，卓愈平台创始人。卓愈平台是帮助中国人健康美丽，幸福快乐的平台。我希望在全国的中学开设中医和心理学课程，帮助中国的孩子健康快乐成长。

开米老师

微信：89039092

围裙妈妈－开米 kamy，外企从业 20 年，忙碌的工作没能给家人留下更多相处空间。因为忙碌，激起了改变的内在动力。自己从"整理小白"变身为“整理达人”，找回了原本的生活秩序，家庭更加和睦。希望通过分享自己的整理成长经历，给同频的小伙伴们一起共振的机会。

剑飞

微信：13377793133

剑飞，常在广州，写作马拉松活动创始人，大数据开发工程师，擅长效率提升，极速写作教练，和鲆叔合作， 即将出版图书《极速写作》。

郑雄锋

郑雄锋，江西上饶人，喜欢旅游摄影和公益，现客居江苏苏州，老倪膏药全国总代理，获天天向商最佳团队长，《微商创业一本通》联合发起人，湖南卫视《微爱豆》第五期节目选手，是传统行业成功转型专职微商的典范，实战经验丰富。

周新军

微信：18055423777

周新军，樊登读书会安徽分会执行会长、淮南分会会长，可复制领导力研究院授权讲师。致力于推广全民阅读，樊登读书品牌(樊登读书会、樊登小读者、樊登书店、一书一课、渠道云项目)全国招募合作伙伴。读书点亮生活。欢迎加入樊登读书会，每年一起读 50 本书。

管璐瑶

微信：2036539719

管璐瑶，广州妹子，铭瑶定制转运水晶创始人，爱好广泛。从 2016 年开始，我研究用各种配件搭配水晶，让水晶既发挥功效又美观，不少朋友戴上后觉得有神奇的功效，口碑相传。

我的理念是：让每个人都有一套属于自己专属的水晶饰品。

周老诗

微信：gy64294072

周老诗，一枚有理想的靠谱的营养师、艾灸保健师，主要运营世界品牌艾艾贴。

宋晓荣

宋晓荣，深圳智博企业管理策划有限公司联合创始人、研发总监。公司以“智赢现在、博取未来”为愿景，坚持“力之所至、财之必达”的做事原则，以智博特有的“AMAT”为模型的企业全案，致力于为泛家居行业的企业、终端渠道以及从业人员等的经营业绩提升、战略目标达成，提供有效个性化定制解决方案。

林剑钊

广东潮汕人林剑钊，是广州艾蓓生物科技有限公司化妆品 OEM/ODM- 负责人。公司是具有国际化专业水平的化妆品研发和生产基地，多年来以严谨专业、优质卓越享誉业界，企业已通过 SGS 颁发的 ISO22716 及 GMPC 国际认证。公司口号：找化妆品 OEM/ODM，我只认准艾蓓。

宋林

宋林，青年施坦威钢琴家李昀的妈妈，孩子酷爱音乐，演奏足迹遍布欧美，广受赞誉。已发行多张演奏专辑，其中《SUNNY LI PIANO》，被英国亚马逊评为最畅销古典唱片前三名，获得英国政府签发的特殊人才签证。希望更多的人通过她了解、欣赏古典音乐。

徐宏丽

微信：jujuejianghu10

徐宏丽，万有图书负责人。

公司宗旨：精英出版、私人定制。

公司目标：为360行行业精英量身定制出版服务。希望每一位精英人士，都有一本属于自己的专有名片。

万有智库图书

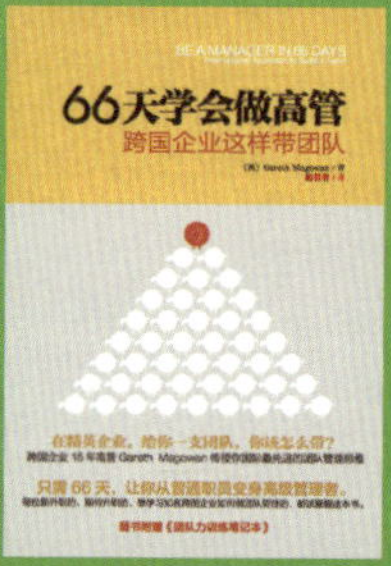

《66 天学会做高管》

《产后 90 天恢复少女身材》

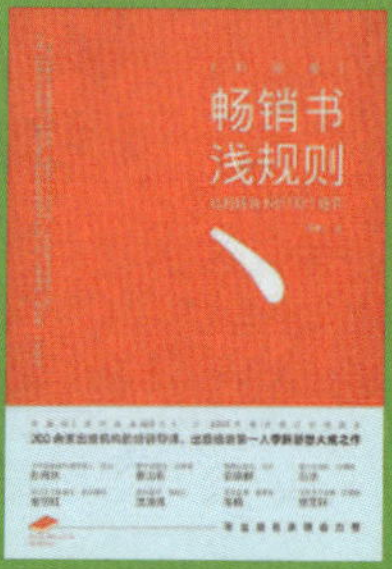

《畅销书浅规则》

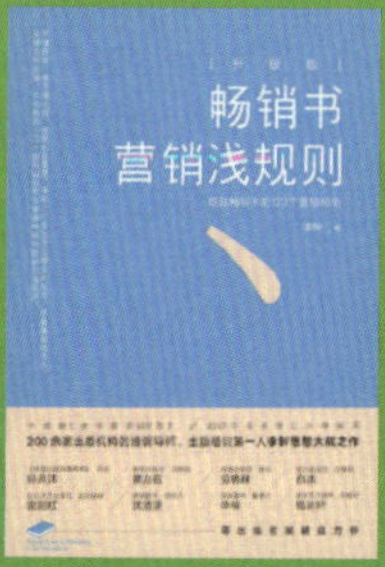

《畅销书营销浅规则》

《从零开始做微商》

《芳疗精油美容宝典》

《健康瘦》

《绝对成交》

《理工男卖钻石》

《瑜伽私教》

《如何做好淘宝》

《微商创业一本通》

《微商从小白到大咖》

《微商如何突破瓶颈》

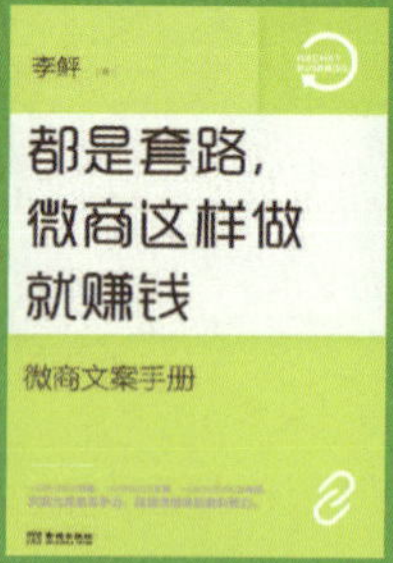

《都是套路微商这样做就赚钱》

《微商营销 108 招》